总裁公众演讲

徐丹尼／著

中国财富出版社

图书在版编目（CIP）数据

总裁公众演讲／徐丹尼著．—北京：中国财富出版社，2015.7
ISBN 978－7－5047－5807－1

Ⅰ．①总…　Ⅱ．①徐…　Ⅲ．①企业领导—演讲—语言艺术
Ⅳ．①F272.91　②H019

中国版本图书馆 CIP 数据核字（2015）第 162838 号

策划编辑　姜莉君　　**责任编辑**　姜莉君
责任印制　方朋远　　**责任校对**　梁　凡　　**责任发行**　邢有涛

出版发行	中国财富出版社		
社　　址	北京市丰台区南四环西路 188 号 5 区 20 楼	**邮政编码**	100070
电　　话	010－52227568（发行部）		010－52227588 转 307（总编室）
	010－68589540（读者服务部）		010－52227588 转 305（质检部）
网　　址	http://www.cfpress.com.cn		
经　　销	新华书店		
印　　刷	北京京都六环印刷厂		
书　　号	ISBN 978－7－5047－5807－1/F·2429		
开　　本	710mm×1000mm　1/16	**版　　次**	2015 年 7 月第 1 版
印　　张	11.25	**印　　次**	2015 年 7 月第 1 次印刷
字　　数	173 千字	**定　　价**	32.00 元

前　言

什么是公众演讲？公众演讲就是对公众有计划、有目的、有主题、有系统地进行语言传播。

古人云："一言可兴邦，一语可误国""善言使人笑，恶语使人跳。"在人类的所有才能中，没有什么比演讲才能更珍贵的东西了。在第二次世界大战时，人们曾经把"舌头、原子弹、金钱"视为赖以生存和竞争的三大战略武器；如今，人们又把"舌头、美元、电脑"作为竞争、成功的三大战略武器。第二次世界大战已经过去半个多世纪，但是，舌头作为三大战略武器之一仍显赫地居于首位。

古今中外99%深具影响力的成功人士都是善于公众表达沟通和演说的大师。儒家创始人孔子用演说培育门生三千人，推行儒家思想遍及天下；战国时期著名的纵横家、外交家和谋略家苏秦用演说使乱世纷争的各国得以安宁；英国首相温斯顿·丘吉尔用演说拯救了第二次世界大战期间的英国子民；印度民族解放运动领导人莫罕达斯·卡拉姆昌德·甘地用演说终为印度赢得独立。

在现代商业社会里，公众演讲被越来越多的人用于商业活动中。作为一名企业总裁，其公众演讲作为一项重要的环节体现着现实意义上的价值。企业总裁常常需要在主持会议、媒体采访、公司员工培训、竞聘演讲、产品发布会、企业宣讲会等众多场合发表公众演讲，这些演讲常常具有推广理念、吸引人才、激发士气、解释问题、引发改革与创新等方面的目的和作用。企业总裁如果不善演讲，就很难带领企业走向真正的成功。

我国南北朝时期的文学评论家刘勰曾经说过这样的话："一人之辩，

重于九鼎之宝；三寸之舌，强于百万之师。”作为企业总裁，你渴望你的一生在掌声、喝彩、鲜花、签名中度过吗？你渴望成为一个让人尊敬的人吗？本书通过“必修之课”“语言艺术”“肢体语言”“即兴演讲”“演讲主题”“抑扬得体”“化解尴尬”“细节之要”“宏论有道”“文笔精华”这10个方面的内容，为想快速突破演讲瓶颈者及已经成为或即将成为总裁的有志之士搭起演讲的舞台，使你可以尽情传递思想理念，彻底释放无穷商业能量，快速提升影响力，从而演绎精彩的人生。

作 者

2015年3月

目录
CONTENTS

第一章

必修之课：总裁公众演讲的重要意义

古今中外的各界人士都有演讲的高手，其中不乏政界领袖、企业领袖等各界名人。在现代商业社会里，公众演讲成为企业总裁的必修课。这是因为企业总裁在经营管理企业的过程中，常常需要召开会议主持发言、媒体采访发表演讲、公司员工培训会发言、领导竞聘演讲、产品发布会发表演讲、企业宣讲会发言等，公众演讲都作为一项重要的环节体现着现实意义上的价值。

总裁公众演讲关乎事业成败

美国电报电话公司（ATT）和斯坦福大学合作研究显示：是否擅长公众演讲乃是事业成败最重要的关键因素。口才的力量万夫莫敌，它比任何东西都有能力来统治这个世界。

1. 事业的成功需要演讲

演讲是一种最好的语言，所以说演讲所能造成的力量，是排山倒海、攻无不克、战无不胜的。演讲是一个人事业成功的武器。在这里我们可以看看世界上很多成就卓越的领导人，他们都是怎样利用演讲这个武器取得成功的。

在商界，有很多善于公众演讲的总裁为大家所熟知。比如，中国商界的阿里巴巴集团董事会主席马云、蒙牛乳业集团创始人牛根生、万科总裁王石、海尔总裁张瑞敏等；国外商界的美国微软公司前总裁比尔·盖茨、苹果公司前总裁乔布斯、戴尔公司董事会主席迈克尔·戴尔等，他们哪一个不是演讲的高手？

让我们再来回顾一下政界。在中国古代政界，苏秦、张仪，雄辩口才纵横天下，诸葛亮舌战群儒、骂死王朗，等等。

在外国政界，英国首相丘吉尔用公众演讲保卫伦敦说服美国，结束第二次世界大战。美国的历届总统，哪一个不是靠公众演讲赢得大选入驻白宫的？美国前总统小布什在大学期间就通过公众演讲结交了各学院各专业的朋友3000多个，这些朋友后来分布在政界、商界、娱乐界或媒体界，他们后来都在小布什竞选总统时做出了很大贡献。美国现任总统奥巴马，一个黑人的后代，靠公众演讲赢得了大选入驻白宫。

在发达国家，无论是商界、宗教界还是政界，一个人想要出人头地、大有作为，就必须学习和掌握演讲技巧，演讲和口才已经成为有志向、有抱负的人尤其是有作为的青年人走向社会和从事社会活动的阶梯，是人们事业成功的武器。

2. 权力的竞争需要演讲

我们都知道，西方资本主义国家的各界首脑人物都是通过竞选产生的。如美国、法国的总统，日本、英国的首相都是每4年进行一次竞选。在美国就是竞选一个州长也得自己到处去宣传自己的执政纲领，发表执政演讲，争取选票。因此，国外的首脑候选人，在选举前夕都是不辞劳苦、到处奔波发表兴邦振国的演讲，谁能战胜群雄夺魁，就要看谁的口才好，谁的演讲水平高。在那轰动一时而又激动人心的竞选场面中，人们全心关注的是竞选者如何当众运用语言的技巧和艺术。竞选者的胜利与否，就在于最后一举的演讲成败上。

从演讲这个角度来看，西方国家首脑的竞选，实质上是一次别开生面的、高级的演讲比赛。这些国家的首脑人物可以说个个都是杰出的演讲家。与其说公民支持他们的施政纲领，倒不如说喜欢他们的口才。他们都是凭出色的口才赢得听众，为实现自己的政治目标服务。唇枪舌剑居然有这么大的力量，舌战竟然成了政治风云中的第一战场。

被称为“铁腕女人”的英国前首相玛格丽特·撒切尔夫人，年轻时期就是演讲队队长。她出身低微，但精明强干，能言善辩。1960年2月5日，她做了《公共团体议案》的论辩演讲，她不用讲稿，3分钟就讲清了议案，把那些终日喋喋不休、争论起来没完没了的议员镇住了。她的政坛演讲轰动了整个议会，使她在政界旗开得胜，迈开了成功走向唐宁街十号的第一步。

3. 企业的发展需要演讲

在现代社会中演讲与口才的作用，对一个组织、一个企业和个人来说都非常重要。是否拥有熟练掌握演讲技巧的人才，能直接影响企业的生存和事业的发展。企业若能自觉地利用演讲来为产品和形象进行宣传，必然能起到意想不到的效果。

生活在“嘴巴革命”的时代，拥有一副好口才会使很多创业者在成功之路上如虎添翼。而在众多的“善言之士”中，我们不能不提一提马云这个互联网时代的口才奇人。有风险投资家曾这样评价马云：“他就是不做信息技术（IT）业，不做阿里巴巴，做其他任何行业，凭他的口才，也一定能做到顶尖级高手。”日本软银公司总裁孙正义与马云首次会面，仅仅交谈了6分钟，就决定为其投资3000万元。这一切，固然有实力因素作为基础，但也证明了马云口才的魅力。

企业的发展需要演讲与口才，同样，演讲与口才的发展和运用也需要企业化、商业化、市场化的机制和运作。在我国有各种演讲学会、协会等团体，也有不少有关演讲口才咨询与培训的公司，而在欧美经济发达国家，演讲公司早已星罗棋布。其操作方式类似如演出经纪公司，根据市场需求，从全国、全球各地请人来演讲，同时不断收集市场与听众的意见、建议反馈给演讲者，以充分满足市场与听众的需求。

在美国纽约市，著名的帝国大厦内有一家特殊的公司，当地人称它为哈利·沃克公司。它是世界上有史以来最早的一家演讲公司，拥有6间豪华的办公室，10多位精明能干的雇员，专门提供演讲口才的培训和咨询服务，并为演讲家与需要邀请前去演讲的单位牵线搭桥。谁都没想到，这种生意竟然十分兴隆，该公司年收入纯利达3000多万美元。

4. 能力的展示需要演讲

信息时代，信息之所以能以最快的速度、最短的流程传播，就在于主要采用了口头语言的方式。语言传递大大快于文章写作。说，不受时间、职业、条件、地点的限制；一个人几天甚至几十天不写字都可以，但是几天不说话是不行的。如果你能说、能写，那是全才；如果你能说，不能写，那是将才；如果你只能写，不能说，那你就是文才；如果你不能写，又不能说，那应该是无用之才。历史和现实早已证明：说比写更容易成才，更容易展示自己的才能。

能够在众人面前从容不迫、侃侃而谈，将使你前途无量。比如，你调到一个新单位担任领导工作，不可能在较短的时间里和那里的每个人相识或很快地使别人了解你。但如果你登台演讲，大家就认识了你，并从你的演讲中产生了第一印象。如果你能说会道，有很好的口语表达能力，那么人们就会说，新来的领导是有水平的，讲起话来头头是道，条条有理，有魄力、有气质、有口才、有水平。如此一来，新单位的人个个都会对你充满一种新的希望，正是这种新的希望，很容易使你打开工作的新局面。相反，你不能说、不能讲，没有很好的口语表达能力，那么给大家的第一印象是，此人不怎么样，听了半天也不知道他讲的是什么东西，连几句话也说不清，还不如某某，这样的人能打开工作局面吗？即使你专业水平很高、能力很强，也需要相当长的时间，才能扭转大家对你的第一印象，这就对你打开工作的新局面起到了不良的作用。

总之，演讲是时代的呼唤，在事业成功、权力竞争、企业发展及个人能力展示方面具有重要意义，这些都充分体现出演讲是将科学和艺术巧妙地融合的常青树。在新的世纪里，演讲这个古老而又年轻的艺术正展示出她无穷的魅力。

总裁公众演讲的目的和作用

演讲一定要有目的，从总体上来说就是，演讲者与听众取得共识，使听众改变态度，激起行动，推进社会向理想境界迈进。

演讲是要鼓动和唤起人们对某些问题的关注。作为企业总裁，他的公众演讲的目的和作用是宣传企业形象，扩大企业知名度。一般来说，大致包括以下几个方面。

1. 通过公众演讲推广理念

理念包括人生理念、哲学理念、学习理念、成功理念、企业经营管理理念等。总裁的理念是总裁继承企业优良传统，适应时代要求的团体精神和行为规范。通过演讲，总裁可以将自己的理念传递给全体员工，积极倡导全体员工自觉实践，从而激发企业活力，推动企业生产经营健康发展。

2. 通过公众演讲吸引人才

21 世纪，企业与企业、组织与组织之间的竞争，其实就是人才数量和质量的竞争。谁能在最短的时间内吸引到人才，谁就是市场上最大的赢家。

完成任何远大的目标和理想，最重要的就是建立顶尖级的团队。比尔·盖茨创办微软，霍华萧兹创办星巴克，马云创办阿里巴巴，牛根生创办蒙牛，史玉柱东山再起，他们靠什么？答案就是靠人才，靠公众演讲。通过公众演讲增加交流，通过公众演讲招兵买马，通过公众演讲吸引人才，通过公众演讲组建团队，通过公众演讲影响和激励他人或者巩固自己的领导地位。

3. 通过公众演讲激发士气

士气的概念包括以下几个关键要素：热情、奉献、共同目标和统一合作。当这些要素同时具备并发挥作用时，意味着一个团队拥有高昂的士气。反之，当缺少某一要素或要素统一未能充分发挥作用时，则表明团队士气的低落。

客观来说，为完成一项任务或目标最简单的激发员工热情的方法，是让他们认识到自己的命运与企业的命运息息相关，同时这些工作将有利于实现更长远的个人或职业目标。基于这个理论，演讲能够激发员工在一种远景目标的召唤下，有一种积极向上的热情，从而能够相互协作，顺利完成所有任务。

4. 通过公众演讲加深友谊

现代社会是人们交往日益密切的社会，是信息广为交流和传播的文明社会。演讲者不仅在台上需要有悬河之口和文雅的举止，就是在台下，其一言一行也要起到表率作用。他们的言谈应是谦逊、高雅的，他们的举止应是得体、大方的。这样的言行举止，不仅有利于创造祥和的气氛，而且也有利于人们的交往。人们常说："有良好的人际关系，才有良好的经济关系。"在现代社会中，无论是个人交际场合，还是团体交际场合，都可以进行演讲，而社交中的演讲可进一步地加深人与人之间、团体与团体之间、国家与国家之间的友谊和亲切关系。

5. 通过公众演讲自我完善

演讲有不断的自我完善的作用。一个品德高尚、学识渊博、技巧超群的人，如果不善言谈，词不达意也是无法充分展现自己全部聪明才智的。而演讲在人类口语中是最高级、最完善、最具有美学价值的一种口语表达形式。

除此之外，演讲需要综合知识，它既需要演讲学本身的理论和经验，又需要运用哲学、美学、逻辑学、心理学、教育学、语言学和写作学等学科的基本理论和知识。如果我们学习、了解、掌握了演讲艺术并付诸实践，那么就能使自己增长才干、开阔眼界、陶冶情操、积累知识、加强修养、锻炼口才、培养气质、展示形象、扩大知名度、提高事业的成功率。

所以说，学习演讲和演讲实践的过程是一个不断提高口语表达能力、综合素质能力、敏锐的观察能力、深刻的分析能力、敏捷的思维能力、准确的判断能力、超人的想象能力、机智的应变能力和良好的记忆能力的过程，是不断自我完善的过程。

6. 听众可以从演讲中获益

演讲对听众的作用一般包括以下6个方面。

（1）真理的启迪作用。即思想观点上的理性教育作用。演讲是要以理服人的，“理”（社会的、科学的、人生的）的真理性启迪，是演讲最主要的教育作用。

（2）情感的激发作用。演讲对理性的阐述总是伴随着情感激发进行的，以情感人是演讲不可缺少的情感作用。

（3）知识和信息的传播作用。演讲向听众传播它所包含的大量知识和最新的信息，是演讲作用的重要组成部分。

（4）艺术美感作用。有声语言和态势语言表达艺术的综合直观作用，不仅能有效地表达内容，也能给听众以美感愉悦。演讲艺术的表演性，有“以美娱人”的美感作用。

（5）扬善祛邪的作用。人类社会的文明史，就是真、善、美与假、恶、丑的斗争史。而这种斗争不管多么曲折和复杂，最后总是以真、善、美的胜利而告终的。而这种斗争的主要武器之一就有演讲。古今中外一切正义的演讲家，他们都是拿着演讲这个工具和武器，宣传真理、捍卫真理，向一切丑恶的势力进行着艰苦卓绝的斗争，从而唤醒民众，把社会一步一步推向前进。演讲家就是用演讲这个工具，去启迪人们获得知识，认识真理，掌握真理，形成正确的舆论扶正祛邪，把人类社会推向最理想的境界。

（6）行动的导发作用。演讲的最高宗旨在于最终能导发听众符合演讲目的而行动。听众的行动是演讲一切理想感性作用的最集中最实际的体现。不能导发行动的演讲，其作用是浅层的、微弱的，不会有更深远的社会价值和历史意义。

以上所列举的演讲的作用，是在古今中外一切优秀的成功的演讲基础上归纳概括出来的。实际上单独一场演讲的作用往往只侧重体现某些方面，并且不同的主题和内容的演讲，其作用也各不相同。因此，对演讲的自身作用和社会作用，应从具体情况出发，实事求是，做出科学的历史唯物主义的评价。

总裁如何培养公众演讲能力

如今，公众演讲已经成为了一项炙手可热的个人能力。商场如战场，高手过招，比的是资源整合，拼的是管理水平和商业模式，而顶尖的演说力更是成为企业总裁驰骋商海迅速制胜的撒手锏之一。

作为企业领袖，你是否因为恐惧演说，演讲时词不达意、语无伦次，导致在公众场合形象顿失？你是否渴望在各种公众场合泰然自若、侃侃而谈，进而彰显领袖风采？你是否期望在各种社交场合应声而起、舌灿莲花，充分展现个人魅力？你是否希望在宣传动员、鼓动号召、说服他人、接受采访时都能流利地发表演讲？你是否想随时随地发表具有感染力的演说，能有效激发团队的执行力、战斗力、凝聚力？其实，只要能够勤于学习和训练，这些都是可以做到的，公众演讲能力是完全能够得到提升的。

对于那些已经成为总裁及即将成为总裁的人，下面这些方法可以培养公众演讲能力，让你的公众演讲的价值放大100倍。

1. 遵循演讲原则，运用演讲技巧

（1）做好准备。讲话前应做好准备，尤其是在开会发言之前更应该利用一点时间将什么是重点、例证有哪些、听众是谁等信息进行整理，从而做到心中有数，有条不紊。如觉得有必要，还可以将发言过程“预演”一遍，这样做的另一个好处在于可以有效消除你的紧张情绪，要知道紧张是影响我们讲话水平的第一要素，美国有人做过人类“十大恐惧”民意调查，“当众演讲”竟然排在第一位，而“死亡”仅排在第八位。可见人们连死都不怕，却不愿意在众人面前演讲。

（2）掌握原则。演讲要掌握三大原则，即无杂念，绝对相信，虔诚度决定吸收度；高标准，专业要求，专业度决定信赖度；用心练，忘我投入，用心比用脑更重要。只有牢记这三大原则，方能突破自我，让不可能变成可能，让可能成为特色。

（3）充分展示。一方面要展示一个大的想法和愿景。努力去创造一个你可以呈现的最好的演讲。展示你从前没有展示过的东西，传递让观众可以永远记住的观点并与听众分享一些可以改变世界的想法。另一方面要展示真实的自己。与听众分享你的热情和你的梦想，也包括您的恐惧、脆弱。与观众进行情感链接，谈论成功，也可以谈谈失败。但不要试图炫耀你的智商，也不要把问题说得太抽象，用具体的事例和故事进行讲述。

（4）力避宣读。尽量不要用宣读的方式进行演讲。不过你可以准备一些小的笔记。但假如你只能读稿子或者漫无方向地讲，那只能读稿子。

（5）勤于锻炼。为了锻炼发言时的连贯性和反应，锻炼自己系统思考的能力，平时多注意观察和分析看到的、听到的事情，并且努力发掘它们之间的相互联系，比如对两个看似并不相关的事物，我们可以试着寻找它们之间的共同点，并得出某种合理的结论。发音和语调也在很大程度上影响公众演讲的专业性，如果一个人连普通话都讲不标准，语调没有轻重缓急，就很难吸引听众耐心地听下去，发言被打断也是情理之中的事。此外还要积极演练演讲。在你信任的朋友面前进行试讲，让他帮助你进行计时。计时的目的是为了准时，超时就是在窃取下一位演讲者的时间。

2. “八多”训练方法

“八多”训练法对培养公众演讲能力很有帮助。

（1）多看。一方面要多看一些演讲与口才方面的书籍和文章；另一方面要多看别人演讲，比如一些名人的演讲录像、一些电视谈话节目和电视辩论赛等。这样就能增强对演讲的感性认识，提高对演讲态势语言技巧运用的理解，并从中感悟出演讲的要谛和精义。

（2）多听。演讲者要把话讲给别人听，要使自己的演讲动听，其前提之一，就是演讲者自己首先要多听。比如，多听别人演讲，多听别人说话，以提高有声语言的表达能力；多听电台、电视台播音员、节目主持人播音、讲话，提高自己普通话的标准程度和音色、音质、音量的水准，以达到演讲语言流畅悦耳、优美动听的目的；多听自己的讲话练习或录音（像）。正如罗马哲人塞涅卡说的那样：“在向别人说些什么之前，首先要把它说给自己听听。”

（3）多问。演讲是一门学问，有许多客观规律和成功的经验，因此要用心去求教、去学习、去研究。古希腊哲学家柏拉图说过：“不知道自己的无知，乃是双倍的无知。”我国古代教育家孔子也说过：“知之为知之，不知为不知，是知也。”总裁要想提高自己的演讲水平，就必须放下架子，丢掉面子，向有经验的演讲者和对口才有研究的专家虚心求教，不懂就问，不耻下问，这样才能使自己的演讲能力发生质的变化，收到事半功倍的效果。

（4）多写。比如多写发言稿、演讲稿。不管是什么规模和级别的会议或活动，只要认为自己有发言的可能，就应该争取机会并抓紧时间提前做好准备，认真写好文字稿，并不断地修改、完善，然后把稿子背熟，做到胸有成竹。还要多写一些学习演讲与口才的心得体会，把自己对演讲口才的认识、感受用文字写下来，并上升到理论的高度。同时，把自己工作中和生活中所见、所闻、所思的闪光语言，写在本子上，记录下来，以便日后查阅使用。

（5）多思。孔子说："学而不思则罔，思而不学则殆。"韩愈也认为："业精于勤，荒于嬉；行成于思，毁于随。"言为心声，正常情况下，一个人心里怎么想，嘴巴就会怎么说。嘴上说的，就是刚才想的；刚才想的，就是下面要说的。想与说，思维和表达，相互之间交流传递，循环往复。有声语言这种区别于书面语言表达的想说就说、随想随说的特点，就决定了说话者既要才思敏捷、思维灵活，又要深思熟虑、三思而"言"、"君子敏于行，而纳于言"。这是多思的要求之一。多思的要求之二，要经常冷静思考，反复分析，为什么有的人讲话非常受欢迎，有哲理，有深度，有广度，使人感动万分，受益匪浅；为什么有的人说话枯燥无味、漫无边际、毫无新意，甚至令人反感。多思者，就能从中悟出道理，获得经验和教训。

（6）多学。首先是多学知识。英国哲学家、政治家培根说："知识就是力量。"所以，多学知识，是提高演讲水平的前提。其次是多学演讲技巧。一个人敢说话、会说话，还不等于有口才，演讲是一种综合艺术，要真正掌握这种艺术，并非易事，它包括很多方面的技巧，诸如声音的字正腔圆、吐字归音，形体的动作、面部表情和仪表礼节，控场、应变的方法，即兴说话的诀窍、论辩的艺术、对话的妙法等。这些都需要我们从理论到实践，对演讲的技巧进行系统的学习和运用。

（7）多记。首先是记住一些名人名言、哲理格言。诗有诗眼，书有书魂，演讲有演讲意境。演讲过程中如有一句哲理名言，便能使听众从中得到启迪，难以忘怀。因为无论演讲者阐述的观点多么的标新立异或超凡脱俗，其实都或多或少地被历史上的名家论述过。名人名言是永远闪烁着智慧的光芒的，而名家所具有的影响力也是恒久存在的。因此，演讲者应抓住听众内心深处的心理，恰当地引用哲理名言或权威人士的论述，让它们服务于自己的理论观点的论证，加强演讲的说服力量。其次是记住一些诗词歌赋。俗话说："熟读唐诗三百首，不会做诗也会吟。"在演讲时，适当地引用一些诗词歌赋，不仅能产生美的意境，而且还能提高说话者的文学品位和艺术魅力。还有就是记住一百个古今中外动人的故事情节。如果只讲一些空洞的、毫无说服力的"大道理"就不可能增强演讲的可信度和感染力。最后是记住一些幽默风趣的笑话。善于在演讲过程中穿插一些趣闻、逸事、幽默、笑话等方面的内容，既能使演讲的观点形象化、生动化，又能够加深听众对观点的理解和记忆；还能增进演讲者与听众的交流，调动演讲气氛，强化现场效果，消除听众的压力，振作听众的精神，使听众的注意力集中于演讲本身；同时还能给听众带来欢乐，让会场充满笑声，使听众更喜欢和信任演讲者。

（8）多练。演讲的技能不是天生的，是来之于勤奋的学习、刻苦的练习。"宝剑锋从磨砺出，梅花香自苦寒来。"古今中外一切口若悬河、舌辩滔滔的演讲家，一切能言善辩、口才出众的雄辩家，一切口齿伶俐、善于应酬的交际家，都不是天生的，而是在后天的努力和苦练的基础上，靠自信、勇气、拼搏、锻炼造就而成的。

如何克服演讲时的不良心理

登台演讲产生的不良心理主要是恐惧、紧张、畏怯。作为一个企业总裁，只有在心理、思维、形象、发声、说话技巧方面都有所改变，才能从容自如地进行公众演讲，才能在员工、朋友、客户心中树立起良好的企业形象和自身形象。

王鹰是广州市某企业总经理，2007 年下海创办自己的公司，公司现有员工 50 多名，时常需要面对二三百人的场合发言。身居公司高职，说话的机会也越来越多，可他坐着面对五六个人发言一点问题也没有，而且还讲得非常好，可是一站在台上面对上百人发言就不行了，由于紧张，他会浑身冒汗、心跳加速、大脑一片空白，准备好的内容也讲得语无伦次，与平时能说会道的他形成极大反差，严重地影响了他在员工、朋友、客户心中的良好形象。

像王鹰这种在演讲时受不良心理干扰的情况很普遍。有过公众演讲经历的人都知道，很少有人能心情平静信心十足地登上演讲台。即使如鲠在喉，即使深感荣幸，或毛遂自荐，随着演讲日期的临近，绝大部分演讲人都会心中忐忑不安：我是否已准备充分？听众会喜欢听吗？我会不会一上台便会把演讲的内容忘得一干二净？

1. 造成怯场心理的原因

造成怯场心理的原因多种多样，往往也因人而异。但下面几点原因却具有极大的普遍性（见下表）。

造成怯场心理的几种普遍原因

原　因	解　析
评价忧虑	这是造成怯场心理的最主要的因素。现代心理学认为，在任何存在评价的场合，人们一般很难发挥自己原有的水平。大多数人对自己在初次约会中的表现不十分满意。在演讲中，由于评价是单向的，也就是说听众在“裁判”演讲人，所以演讲者的忧虑更多，心理负担更重
听众地位	如果我们面对的听众比我们的地位高，或者我们认为比我们重要，我们讲话时便感到特别紧张。求职者在评估小组面前的表现往往很不自然，这一方面是因为评价忧虑，另一方面也无疑是因为评估小组“大权在握”
听众人数	一般人都愿意在“小范围”内讲话。如果听众人数很多，演讲者便会倍加谨慎。因为他们觉得一旦出错或表现不佳，“那么多人”一下子都知道了。过分的小心谨慎加大了怯场的可能性和程度

续　表

原　因	解　析
听众观点	如果你知道听众或大多数听众所持观点和你的观点一致，那你便会信心十足。反之，你便会有很多担心
对听众的熟悉程度	大多数人在“熟人”面前讲话比较自然。面对陌生的听众我们之所以紧张是因为我们对他们几乎一无所知，而他们在几十分钟甚至十几分钟内便会对我们做出评价
准备是否充分	若演讲者自己心里觉得自己对演讲准备得不充分，觉得有“出丑”的可能，那他的自我保护意识很可能出卖他

2. 克服怯场的方法

上表中我们分析了造成怯场心理的主要原因，下面是几种“药剂”。

（1）充分准备。对付怯场心理最有力的武器是诚心实意地告诉自己你对本次演讲准备得十分充分：你的选题不仅对自己而且对听众很有吸引力；你对该题目已深思熟虑，而且收集到了所需资料；你的演讲稿紧扣主题，安排有序；经过反复演练，你已能恰到好处地把握演讲时间；你对自己的仪表和临场表现有充分信心；你有能力很好地应对讲演过程中出现的各种意外情况。

充分准备还包括注意生活细节，如讲着讲着，突然喉咙痒痒的，你能不紧张吗？近日感冒了，正讲到兴奋处，流鼻涕了，也难免尴尬，如此等等突发事件都要事先想好，总之，你准备得越充分，讲得就越成功。

（2）树立自信心。拿破仑有句名言：“因为我决心要成功，所以凡是我做的事都得到了成功。”坚强的自信心是口语表达成功的第一秘诀。坚强的自信心源于充分的准备。多告诉自己：“我已经准备充分了，怕什么？”“镇静些，我一定会成功。”

（3）适应变化。如果你原计划给二三十人做演讲，到场后发现听众有二三百人，你会怎么办？你准备了一份非常正式的演讲稿，走上演讲台你却发现大家都穿着牛仔服和T恤衫之类的衣服，你将如何想？你准备了长达两个小时的演讲内容，可上场前主持人告诉你只有15分钟的演讲时间，你又该怎么办？诸如此类的情况在演讲中绝非偶然事情。所以，如果你被邀去演讲，不要忘了事先收集如下信息：有无固定论题及论题范围；听众的人数、年龄、性别、受教育程度、宗教信仰、工作性质以及参加演讲的原因等；演讲的地理位置、场地大小、有无话筒等内部设施，如果有可能，最好亲自去演讲地点看一看，做到心中有数；演讲时间；有无听众提问。

（4）练习放松。演讲前，如果你仍感到紧张，下面几种方法有助于你放松：其一，做深呼吸。做深呼吸的目的是供给你充分的氧气，帮助你在演讲中更好地控制自己的声音。这里所讲的“呼吸”当然指的是腹呼吸而不是肺呼吸。歌唱家和演员们都知道腹呼吸在控制声音方面的重要性。其二，做肌力均衡运动。肌力均衡运动是指有意识地让身体某一部分肌肉有规律地紧张和放松。比如你可以先握紧拳头，然后松开；你也可以固定脚掌，作压腿，然后放松。做肌力均衡运动的目的在于让你某部分肌肉紧张一段时间，然后你便不仅能更好地放松那部分肌肉，而且能更好地放松整个身心。其三，转移注意力。演讲前要积极听取主办人和听众意见，这样你便可以暂时转移注意力，更好地放松身体和思想。

（5）带点幽默感。幽默是演讲中的食盐。优秀的演讲人和有吸引力的演讲内容只有加上恰到好处的幽默才能创造出成功的演讲。所以当你遇到怯场心理的袭击时，不妨将之“幽默”而去，在听众轻松的笑声中解脱自己。演讲是冒险。冒险家的事业中总是存在着恐惧，但成功的冒险家都有对付恐惧的办法。做演讲应时刻铭记这一点。

上述克服畏惧心理的5种方法，只要大家认真实施，呈现在众人面前的就一定是一个胸有成竹、潇洒自如的你。

训练台风，让自己一出场就有亮点

公众演讲一般都是在很大的场合，专业的台风能够显示出演讲人的地位。好的演讲离不开好的台风，那么我们在演讲时都应该注意什么？演讲台风从上台到退场，从演讲中的视线到演讲的服饰搭配都有很大学问，演讲的台风对演讲的成功与否也有很大作用。

1. 上台时的台风

其实一场演讲，从你开始走向演讲台的那一刻开始，你的演讲就开始了，从这一刻开始观众就已经开始注意你了。为了让自己一出场就有亮点，要做到以下3点。

（1）保持自信，保持微笑。一个成功的演讲者首先是一个自信的演讲者，微笑不仅可以给人以亲切的感觉，而且能拉近与观众的距离，同时消除自己的紧张感。

（2）步伐矫健有力。矫健的步伐同样给人积极向上的感觉，让人感觉你是朝气蓬勃的，相反如果你拖拖拉拉，或者步伐迟缓则给人一种消极倦怠的感觉。

（3）上台后先鞠躬。上台后面向所有观众鞠躬，是一名演讲者对大家的尊重，是一种礼貌。

2. 演讲过程中的台风

演讲过程中的台风主要是注意站姿、视线、握麦克风方法、面部表情、服饰要求等。

（1）站姿。演说时的姿势也会带给听众某种印象，例如堂堂正正的印象或者畏畏缩缩的印象。演讲时要让身体放松，不能过度紧张。过度的紧张不但会表现出笨拙僵硬的姿势，而且对于舌头的动作也会造成不良的影响。一般的姿势是张开双脚与肩同宽，挺稳整个身躯。但最重要的一点是演讲时切忌左摇右晃，有的演讲者在演讲时或是因为紧张的原因或是因为平时习惯不好，在演讲时总是站不稳，给人一种不庄重、不稳重的感觉。另外，演讲时还有一种站姿叫“稍息式”，即一脚稍前，一脚稍后。

（2）视线。有人说演讲时就把下面的观众当成大白菜就可以了，你就看这些大白菜的头，这样你就不会紧张。其实这样是非常错误的。视线对一场演讲，对于一名演讲者都是非常重要的。正确的视线会使演讲更有感染力。演讲时，演讲者要学会用眼神与观众交流，这样会有很好的效果。

演讲时会面对很多人，在大众面前说话，亦即表示必须忍受众目睽睽的注视。当然，并非每位听众都会对你报以善意的眼光。尽管如此，你还是不可以漠视听众的眼光，避开听众的视线来说话。尤其当你走到麦克风旁边站立在大众面前的那一瞬间，来自听众的视线有时甚至会让你觉得刺痛。克服这股视线压力的秘诀，就是一面进行演讲，一面从听众当中找寻对于自己投以善意而温柔眼光的人，并且无视于那些冷淡的眼光。此外，把自己的视线投向强烈“点头”以示首肯的人，对巩固信心来进行演说也具有效果。

（3）握麦克风方法。话筒千万不能挡住脸，挡住半边脸就挡住了一半的感染力。要用拳握住话筒，话筒与胸部平行或者保持30度至70度的斜度。嘴离话筒大致10厘米的距离，根据麦克风音量提前调试。

（4）面部表情。演讲时的面部表情也非常重要，不能死板。紧张、疲劳、喜悦、焦虑等情绪无不清楚地表露在脸上，演讲的内容即使再精彩，如果表情缺乏自信，畏畏缩缩，演讲就很容易变得欠缺说服力。控制面部表情的方法，首先是“不可垂头”。人一旦“垂头”就会予人“丧气”之感，让听众觉得自己很不自信。而且若视线不能与听众接触，就难以吸引听众的注意。其次是“缓慢说话”。说话速度一旦缓慢，情绪即可稳定，脸部表情也得以放松，再次是全身上下也能够为之泰然自若起来。另外，演讲内容中的喜怒哀乐都要生动地表现在面部。

（5）服饰要求。演讲中服装的搭配也有很重要的作用，也会带给观众各种印象。对于大多数演讲活动来说，演讲者的穿戴只要干净、大方、整洁、朴素就可以了，就能够达到一个演讲者的服饰标准，能够使听众或者观众接受。但是要严格要求演讲者的服饰标准，就有很多需要注意的地方了。

另外值得注意的是，演讲完毕退场时，要向观众鞠躬致意，以示谢意。

演讲的台风是受每个人的性格或者演讲特点影响，在舞台上时刻保持稳重的姿态，寻找到属于自己的台风，达到演讲的目的即可。

演讲气场源于思想深度和知识广度

公众演讲作为企业总裁布置工作、提振士气、传播思想的重要手段，在管理工作中发挥着重要作用。日常工作中，为什么有的总裁演讲使人如饮甘露、回味无穷，而有的总裁演讲使人昏昏欲睡、味同嚼蜡？究其原因，除了总裁本人工作能力、个人魅力使人产生敬畏感和其语言表达技巧之外，一个重要的原因就是思想苍白和知识匮乏，导致演讲内容空洞无物，语言干瘪无味，表述逻辑不清，营造不出一种足以扣住听众心弦的讲话“气场”。

什么是气场？它是指一个人的性格、言行举止等所形成的个人魅力，其往往带有很强的个性化色彩。明星在舞台上一个经典的笑容、一个华丽的转身、一身独特的装束，都可能赢来观众尤其是星迷经久不息的掌声，谢幕后仍然可能呼声哨声不断，这就是明星的气场。而总裁公众演讲中的气场，就是总裁的“讲话信息”通过语言辐射形成的一种能够感染听众、吸引听众的讲话氛围。

古人云：“话须通达方传远，语必关风始动人。”总裁演讲的气场来源于总裁的思想深度和知识广度，以及良好的气质和积极乐观的心态，是以有声语言和态势语言的形式综合表现出来的。如果想在演讲中充分显示气场的力量，吸引观众，打动观众，起码要把握3点，即理足气壮、德深技精和情真意切。

1. 理足气壮

理足气壮就是思想具有无可辩驳的正确性，因为只有正确的东西才能给人以智慧和启迪。演讲气场效应是一种力量的体现。其实质就是一种理性的力量，它源于深邃的思想和独到的见解，所阐述的观点是具有时代感、独创性、深刻性和真理性的。就是演讲者站在时代发展的峰巅之上，充分展现时代的特点和气息。在向人们心灵的深度和广度的探究中，折射出崭新的审美理想和道德情操，使人们从演讲中听到时代精神的回响，感受到生活光流的碰撞旋转，体会到理想人格的价值。

演讲的气场效应在于“所见者真，所知者深”和所闪现的智慧火花，对社会对人生的真知灼见，对事理创造性的阐发；能深刻揭示事物的本质和发展规律，令听众事理大白，茅塞顿开。中国有句成语叫作“理直气壮”，它说出了演讲理直气就壮、理不直气难壮的深刻道理。

同时，演讲内容的理足，还需要壮美的语言来表达，也就是说演讲的气场还来自语言巧妙而艺术的运用上。演讲的语言要字正腔圆，清新流畅，生动感人，活灵活现地阐述真理和抒发感情。一般来说，铿锵的语调，排比对偶的手法都可以加强演讲的表达力量，显示演讲的不凡气势。

2. 德深技精

我国古代人们非常重视气场方面的修养。孟子说：“我善养吾浩然之气。”他的语言表达，内容充实丰富，博大精深，摇曳多姿，清畅流利，跌宕有序，层层推进，其气场“若决江河，沛然莫之能御”。演讲是演讲者内心世界的表露和人格的再现。演讲的气场是演讲者思想、品格、文化、情感、艺术的综合反映。要充分发挥演讲的气场效应，演讲者就必须加强各方面知识的学习。

首先，要努力学习，有雄厚的知识储备，提高政治敏锐性和思想认识水平，准确掌握时代的脉搏，对社会和人生的认识有超人的透视度和横阔度，对事理能做出更全面、更深刻、更尖锐、更正确地创造性阐发，令听众不由自主、心悦诚服地接受正确的思想，抛弃错误的观点。

其次，要加强思想品格的修养。要言行一致，公正无私，朴实大方，亲切热情，给人一种师表美和信任感。

再次，要加强情感修养。演讲者的情感不是演讲时临时外加的，而是内在的，是长期陶冶的结果。现实生活是培养感情的沃土，演讲者要主动投身到广阔的社会生活中去，观察、体验、分析研究更多的人和事，在实践中与方方面面的人接触交往，体会不同角色人物的思想感情和行为表现，从而使其生活基础更深厚，培养出更加丰富、强烈而浓厚的思想感情来。演讲者不仅要有丰富的情感，还必须善于在听众面前表达真挚的情感。

最后，要加强语言的锤炼。演讲者要培养对语言的浓厚兴趣，养成储存语言的良好习惯，把平时看到、听到和想到的一切有表现力的、熠熠闪光的语言收集起来，并有意识地经常运用到口语中。同时还要在选词、练句、谋篇上狠下工夫。要准确选择词语，恰当地运用各种不同的句式，巧妙而精准地运用各种修辞手法，把精深的思想、丰富的感情浓缩到最有表现力的语言里，讲起来朗朗上口，听起来声声入耳，想起来回味无穷。态势表达要文雅适度，能创造出一种美的形象和美的意境。使听众在形象美的陶冶中，加深对演讲主题的理解，受到思想道德的感化。

3. 情真意切

情感是艺术的灵魂，也是演讲气场动力的源泉。没有演讲者的真挚情感的流动、跳跃和燃烧，演讲气场就无从谈起。演讲者只有用血、用泪、用自己的生命激情去呼喊、去敲击，才能叩开听众的心扉，产生征服人心、震撼灵魂的演讲效应。

所谓情真，就是真挚感情的抒发，不言辞虚浮，不矫揉造作，保持说话人的自然本色，使人听后感到自然，乐于接受。有的总裁其演讲之所以生动感人，气场非凡，具有磁石般的吸引力，就是因为他吐露的都是自己的真情实感。

情真还表现在情感的深沉与丰富上。构成演讲气场的情感，既要有深度又要有广度，这样才能激起听众感情上的波澜，这就要求演讲者的情感必须具有凝聚性和交融性，善于浓缩和强化情感。当演讲进行到关键时刻或达到高潮时能立刻形成强有力的情感爆发，给听众以强大的理性情感冲击，使其心灵受到震荡，就能使台上台下形成“情通理达”交融和谐的演讲气场效应。

所谓意切，就是演讲的气场必须符合演讲的主题、听众和时境情况，也就是演讲的气场要切旨、切己、切近听众、切近生活。

演讲时，演讲者总是以一定的身份，在特定的环境里，面对特定的听众表达自己的一定观点和思想感情。为了取得理想的效果，演讲者必须考虑演讲气场是否有利于升华演讲的主题，能否与自己和听众的实际情况及演讲环境相符。这就要求演讲者必须从现实生活和听众的思想需求、认识水平与欣赏习惯出发，充分利用客观环境的有利因素，采用多种艺术手法表达主题和抒发情感，才能激发听众的兴趣，引起共鸣，产生良好的演讲气场效应。

当然，演讲的气场表达必须服从演讲的整体需要，气场的真情表露，并不等于放肆，并不是一味地语调高昂，张扬声威。在气场表达上应掌握好分寸，牢记表现主题这个宗旨，把好感情的阀门，注意控制感情的流量。切不可为气场而气场，不加节制，使演讲气场表现为“过分”状态，引起听众的逆反心理，进而损伤演讲的最佳效果。

第二章

语言艺术：总裁公众演讲闪现舌尖智慧

总裁的演讲口才是总裁一切才能的先行官，体现出不同凡响的语言艺术。一个善于演讲的总裁的语言总是大家所熟悉的，听起来很亲切，闪现着成功总裁的舌尖智慧。事实上，那些颇具语言艺术的公众演讲，既通俗易懂，又幽默风趣，更能赢得听众的青睐。

演讲是一言九鼎的语言艺术

演讲作为一门语言艺术，它的主要形式是“讲”，即运用有声语言并追求言辞的表现力和声音的感染力；同时还要辅之以“演”，即运用面部表情、手势动作、身体姿态乃至一切可以理解的态势语言，使讲话“艺术化”，从而产生一种特殊的艺术魅力。

作为以有声语言为主要手段、以肢体语言为辅助手段的演讲的语言艺术，旨在调动起听众情绪，并引起听众的共鸣，从而传达出你所要传达的思想、观点、感悟。那么在这里，我们简单谈一下演讲的语言特点和要求，演讲的语言技巧。

1. 演讲语言及其特点和要求

演讲语言是指演讲者面对听众进行宣传鼓动时所使用的语言。演讲语言是演讲者与听众面对面的交际语言。它以人民群众的口头语言为基础，也可以有适当的文言词句和书面语言的融入；经过演讲者的加工提炼，将口头语言规范化、精练化，用来为进行一定的目的而宣传、解释、论说、鼓动等，发挥极强的社会作用。

演讲语言主要有以下 3 个特点（见表 2－1）。

表 2－1　　演讲语言的特点

特　点	说　明
通俗易懂	用听众熟悉，能马上理解的语言，把要讲述的内容，用浅显明白的话语表达出来。避免采用生涩、艰深的词语，避免引用不好理解的古文和诗词，避免过多使用专业术语和学术名词。总之，语言要明朗化、浅易化、大众化

续 表

特 点	说 明
简短有力	演讲要阐明自己的主张、见解与态度，或者申诉，或者解说，或者动员，或者鼓励，或者阐明，总之都是在说理。如果句子太长，听众跟不上，不容易理解。正由于这两点，带来了口语的另一个特点：简短有力。这一特点不仅是指语句简短有力（这当然是很重要的），而且也指篇幅简短有力
情真意切	演讲要能说服人，启迪人，但也要能感染人，打动人。要使听众听了你的演讲产生激动、兴奋、共鸣。不仅心服，而且心动；不仅认识有所提高，而且还愿意拿出行动。这就不是客观、冷静、慢条斯理地分析、论证所能奏效的了。只有演讲的语言情真意切才能做到。情真，是演讲的内容和表达都有真挚的感情；意切，是表达的旨意切合内容、切合时代、切合听众的接受要求

演讲的本义是语言表达，因此有下述几点要求（见表 2－2）。

表 2－2　　演讲语言的要求

要 求	说 明
读音准确，吐词清楚	演讲的口语必须做到发音准确，吐词清楚。准确清楚是对演讲者的最基本的口语表达要求。早就有一条公认的原则，或者是一致的要求：一个演讲者无论他讲什么内容（如政治、军事、教育、艺术、学术等领域）都要使听众听得懂他的意思，做不到这一点，其他的准备、努力、心血都是白费
语速得当，语气合适	语速，即说话快慢速度。语速要处理好，既不可过快，也不可过慢。就整体来说，语速要适中，以听得清为原则。此外，语速要以内容为转移，要根据思想情感表达的需要，做出恰当的处理。当快则快，当慢则慢，有所变化，讲究节奏适宜。这样做本身就是语言艺术性的体现。语气包括重读，即将句子的某些词语读得比较重，还包括恰当地停顿，使演讲的内容得到清楚的表达、语言呈现鲜明的节奏感
词语朴实，句式灵活	这是演讲对词句的要求。演讲语言是一种独白式的、有一定话题的交际口语，语言应该力求自然、朴实、通俗。演讲的句式也比较灵活。总体来看，演讲的句式是短句多，句式比较整齐，句型多样，句式运用比较灵活

2. 演讲语言的技巧

演讲口语的技巧是极其丰富多样的，我们只讲以下几种（见表 2－3）。

表 2－3　　演讲口语的几种技巧

技　巧	实施细则
制造悬念	演讲要能吸引听众，首先的条件是要激起他们的兴趣，引起他们的关切，争取他们的参与，这些是一般的演讲口语所做不到的。一开头就要制造悬念。所谓制造悬念，就是先不把要谈的对象或正面意思明确告诉听众，而让听众去关心、去猜测、去推究、去追问（在内心），吸引他们急切想知道下面的内容，聚精会神地听下去
提问引发	演讲时善于用语言提问，启迪听众思索，是演讲成功的一个重要技巧。演讲时的提问，与交谈、回答中的提问不同，前者是自问自答，后者是你问对方回答。提问引发的形式有：新颖独特、激起猜测的提问；未讲先发、引起注意的提问；激发反思、问中含答的提问；有疑而设，可答可不答的提问；等等
幽默诙谐	幽默诙谐是人际关系的调节剂，也是实现自身价值的有力工具。幽默是思想、学识、智慧和灵感在语言中的结晶，是一瞬间闪现的光彩夺目的火花。演讲中幽默语言的技巧，是一种难度很高的语言技巧，它需要丰富的知识、良好的教养与智慧道德，以及幽默的话语形式
抒发感情	抒情，特别是浓郁的激烈的抒情是演讲口语的常见技巧之一。演讲抒情的语言技巧有以下 3 种情况：其一，寓理抒情。目的是说理，不过理因情胜，能更加有力地表达演讲者的观点。其二，叙事抒情。演讲有时可穿插一件小事，也可讲述一个故事，也可带叙一个细节。从作用看，这些“小事”“故事”“细节”大多是用来作例证；从讲述的语言看，又大多带有浓厚的主观感情。其三，直接抒情。即不借助议论和叙事，在感情来到时，直接用明快的语言抒发自己心中的情感。直接抒情的语言技巧，在演讲中是用得很多的，不少著名演讲家的结束语，往往就是采用直接抒情的方式

续 表

技 巧	实施细则
临场适应	在演讲的类别中，有一种叫作“即兴演讲”，即事前没有准备的临时性演讲。这是很难的一种演讲。也还有另外的特殊情况，即整个来说，演讲是预先准备和安排的，但临演讲时，情况发生了变化，这也要求有较高的临场应变能力。总之，演讲语言技巧的高低，在临场适应中，表现得最为明显
善用修辞	演讲的语言不仅要求准确、简明、严密，而且还要求形象、生动、有感染力。这就必须运用积极的修辞手段。这种修辞不同于文学创作，它必须符合演讲的特点，贴切恰当，通俗易懂。著名的演讲家的语言，都在修辞方面表现了高超的技巧

演讲智慧是总裁的制胜法宝

无论世界首富还是政界领袖，无论商界巨头还是团队领导人，他们都是演说大师、号召高手。在这个竞争异常激烈的年代，商场如战场，作为企业总裁，如何凭借公众演说创造财富？如何凭借公众演说建立品牌、打开通路？如何凭借公众演说打造一呼百应的超强影响力？其实，这一切都取决于总裁的演讲智慧，演讲智慧是你叱咤商场的制胜法宝。

演讲智慧来源于两个方面，一个是思想层面，另一个是语言表达层面。演讲要慑服人心，取得好的效果，必须要靠理性的说服，靠思想的沟通，因此应该形成深刻的思想。语言表达是演讲的主要手段，它以口头语言为主，以肢体语言为辅，向听众发表自己的见解和主张，以达到感染人、说服人、教育人的目的。企业总裁只有在这两个方面下足工夫，才能取得良好的公众演讲效果。

1. 要演讲，先得有思想

思想，一般也称“观念”，属于理性认识。思想资源不是原生矿，而是经过开掘、筛选、提纯，极易为人体所吸收的精华。演讲者的思想只有经过提纯与升华，才能在演讲中给听众传递正能量。

演讲者担负着启迪人们的思想、陶冶人们的情操、鼓舞人们前进的使命，他应是真善美的助产婆，是假恶丑的掘墓人。应当具有先进的、科学的思想，甚至是一个时代的思想家。一个优秀的演讲者，首先应该是一个紧跟时代步伐的先行者，敢于挣脱传统观念的束缚；有新的生活体验、新的知识结构、新的思路，能以科学的世界观和方法论观察事物，反映崭新的生活真实和时代意识，激励人们为追求崇高的理想而奋勇前进。

怎样使演讲既具有较强的时代特征，闪耀着时代的光彩，又具有鲜明的个性特征呢？演讲者要善于根据时代的新要求、新任务、新特点、新思潮，确立具有时代特征的演讲主题。这就要求演讲者要有敏锐的洞察力，能大胆地提出并回答现实社会急需解决的问题，讲出独到的符合历史发展规律的见解。在具体阐述过程中，要能贴近实举新例。所选取的实例、数据应尽可能贴近现实，贴近听众，妥善于利用现代化传播工具所提供的最新信息，使演讲内容充满生动活泼的时代气息，尽量避免使用陈旧过时的事例和数据。

正确的思想应该具有广度、深度、独立性、灵活性、逻辑性的特点。那么，这些特点是如何在演讲过程中体现的呢？（见表2－4）

表2－4　　　　思想特点在演讲中的具体体现

思想特点	演讲表现
思想的广度	思想广阔的人，善于全面考察问题，善于在不同的知识和实践领域内创造性地进行思考。优秀的演讲者必须具有广博的知识、丰富的联想，能旁征博引，这种演讲的宽度来自思想的广度，反过来，演讲本身的宽度特征，又迫使演讲者必须培养思想的广度
思想的深度	思想深刻的人善于透过现象抓住事物的本质，善于提示现象产生的原因，善于多方位多视角地去观察理解问题。卓越的演讲往往构思精巧，立意深刻，敢于从平凡的生活实际中挖掘出人们想说而未能说出的真理：角度新颖，给人以新的启发。演讲者如果没有思想的深度，当然就无法达到这种境界。同时，经常进行演讲，也能培养深入思考的习惯，使思想的深度得以进一步加深

续 表

思想特点	演讲表现
思想的独立性	思想的独立性表现为独立进行思考，不盲从，不轻易受别人的暗示和影响，凡事自己动脑，认真寻求解决问题的途径和方法。成功的演讲，总是有其独特的特点，能显示出鲜明的个性，能独辟蹊径，妙语惊人，出奇制胜。演讲如果没有自己独特的观点和感受，很难产生语言的魅力。当然，思想的独立性与批判性总是紧密联系的。具有思想独立性的人往往具有思想批判性，能严肃地、科学地、批判地看待自己和别人的思想，既勇于坚持正确的观点，也敢于放弃错误的想法
思想的灵活性	思想的灵活性是指思想活动能随机应变，灵活机智，能随客观事物的发展变化而改变看法和思路，善于从新的观点、新的角度思考问题，思想的敏捷性指能对各种变化迅速作出反应，当然，思想的敏捷性并非思想的轻率性，二者有着质的差别。敏捷性要求反应快而准确，绝不是匆忙马虎，演讲者只有有较高的思想灵活性和敏捷性，才能在演讲的过程中审时度势，根据听从的反馈信息迅速准确地进行判断，从而调整演讲内容或改变策略。经常进行演讲，对于思想的灵活性和敏捷性也是很好的培养和锻炼
思想的逻辑性	演讲要做到有条理，有根有据，演讲者的思想过程必须服从于严格的逻辑规则，必须按照逻辑的顺序去考虑问题，必须遵循逻辑的规则进行推论，达到上述要求，不仅能使演讲水平得到提高，而且也能使思想的品质受到综合的训练与培养

2. 语言，是演讲智慧的外在体现

语言是人类的思想手段，人的形成、表达感受，都要靠语言。思想的内容是观念性的东西，它必须具有可知的物质形态才能表达出来，思想若不物化，就只有潜在的价值，它必须经过中介，才能转化为实际的价值，而语言正是思想的最合适的“物质外壳”。另外，从语言方面来看，语言同样离不开思想；词汇和语法规则，正是思想的成果，是人们思想逻辑的表现。演讲依赖语言表达感情、传递信息，因此，演讲的语言表达，实际上就是思想的外露和物化，演讲使用权思想的潜在价值转变为实际价值。

演讲的语言智慧，重在选用恰当的演讲形式。听众的需要与时代的发

展是紧密相关的，演讲者的风格也与时代息息相关。有的演讲激昂慷慨、气势磅礴；有的演讲细腻严谨、含蓄隽永；有的演讲诙谐幽默、豁达自然；有的演讲热情澎湃、流畅自如。而这些特点，又是与演讲语言风格分不开的。

语言在演讲形式中占有十分重要的地位，因而要使演讲具有时代特色，首先要善于选用时代特色较强的词语。语言是随着社会发展而不断发展的，词语的含义常常因为时代的发展而变化，许多新词也随着时代的发展而涌现。多选用与现实贴近的“现实语”“习惯语”，有利于形成演讲的时代特色。

其次，掌握语言的总体布局和节奏。曾有一段时间，演讲和报告有个程式化的“八股”腔，常常摆出领袖语录，讲一堆大好形势，来一点有所对照，作一番空洞检讨，来几项未必兑现的保证，谈一通虚伪高调。这种演讲给人的印象是虚晃一枪，其语速也是缓慢拖拉的。现代演讲要坚决杜绝“八股”腔，语速可适当加快，结构上宜有一点跳跃，显示出恰当的跨度。

在体态语方面，也要注意时代特色，现在如果搞作揖打拱，显然是可笑的。同样，如果把老式的“三句半”的生硬动作搬上讲台，也会令人捧腹。要使演讲具有鲜明的时代特征，无论是在内容上还是形式上下工夫，都必须通过演讲者的独立思考，并贯穿于演讲的全过程，即从演讲的准备到演讲的实施，都应恰当地运用价值尺度、逻辑尺度和审美尺度，通过个人感情、意志的过滤来进行，由此显示出鲜明的时代特征和个性特征。

总裁公众演讲必备的6项素质

哪里有声音，哪里就有力量；哪里有演讲，哪里就有战斗的号角，就有胜利的曙光。在当今社会，企业总裁具有优秀的公众演讲能力，是推动企业适应社会发展的重要本能，也是作为新时代与世界接轨的重要基础。有很多的历史事实表明，演讲不是简简单单为鼓动一些事情或为了达到什么目的所要具备的，更多的事例表明，高水准的演讲能够彰显出一个企业总裁的高品质和高素质。

那么，企业总裁进行公众演讲需要具备哪些方面的素质修养呢？这个问题值得我们探讨。一般来讲，演讲者需要具备6项素质：无穷的智慧、广博的学识、丰富的想象力、较强的口语表达能力、良好的心理素质、较强的记忆力。

1. 演讲者要有无穷的智慧

说话的最高境界就是充满着智慧，如果你的言谈举止中充满着哲理的光辉、充满着智慧的火花，那么别人对你的敬仰也会如同滔滔江水一般绵绵不绝。

一般人对于一些似懂非懂的东西最崇拜，因为这样的事物有很大的神秘感又不会感觉不可捉摸。要想说出别人似懂非懂的话，大量阅读是一个正统办法。如果你能在交谈时抓准时机来几句“道可道，非常道”，“佛曰：人生七苦：生、老、病、死、怨憎会、爱别离、求不得”，那么一定叫你身边的人有种“高山仰止”的感觉。但是你如果没有多少兴趣钻研这些枯燥的学问而又想要别人崇拜的话，那就多和有学问的人一起交谈，又或是多看一些有哲理的节目。你不需要系统地了解什么是老庄佛学，你只需要把有学问的人说的话或是有哲理的故事背下来便行了。但是这样做要千万注意，别在行家的面前卖弄。

2. 演讲者要有广博的学识

演讲者要有广博的学识，不仅是“传道、授业、解惑”的需要，也是演讲成功的基本条件。古今中外的演讲家无一不是学识渊博的，他们之所以能旁征博引，妙语惊人；之所以能把生动、具体、精彩的事例自如地组织到演讲中，就是因为他们博览群书，知识丰富。在当今科技发展时代，演讲者如果不了解新知识，跟不上现代科学文化发展步伐，就不会使演讲充实、新鲜、生动。

知识海洋博大精深，我们的生命是有限的，而知识是无限多的，努力增加自己的知识储备固然重要，但是要想穷尽天下文章却是痴人说梦，我们所需要做的，只是把自己的优势展现出来。

3. 演讲者要有丰富的想象力

丰富的想象力和联想力是保证演讲生动、有趣、精彩的关键。法国19世纪的评论家让·保罗曾说过：“想象力能使一切片段的事物变为完全的整体，使缺陷世界变为完满世界；它能使一切事物都完整化，甚至也使无限的、无所不包的宇宙变得完整。”而联想力则是在类似的或相关的条件刺激下，回忆起过去有关的生活经验和思想感情，它可以丰富演讲的内容，增强情感色彩。在演讲中，想象力和联想力具有很重要的作用。

爱因斯坦曾说过：“想象力比知识更重要。”在演讲中，想象力也是一种实实在在的因素。想象力如同“点金术”，有了它就可以“思接千载，视通千里”，才能使演讲内容充实、新颖而多彩，才能将各种各样的事物与演讲主题巧妙地组合起来，讲起来才能文思泉涌，增强演讲的浓度、广度和感染力。

4. 演讲者要有较强的口语表达能力

口语是运用最多，也是最便捷、最重要的一种表达方式，没有这种表达能力，演讲就会变得不可思议。演讲和口语表达能力是密不可分的，从事演讲活动的人必须具备口语表达的能力。

任何一个人的演讲才能，都不是天生而就的。哪怕是笨嘴拙舌，甚至犯有口吃的毛病，只要我们不怕困难，有德摩斯梯尼那种口含石子朗读、攀登高山吟诗、迎着狂风练讲的刻苦精神，像闻一多先生那样长期实践，就一定可以不断地提高自己的演讲水平。

5. 演讲者要有良好的心理素质

演讲者的良好心理素质包括巨大的心理承受力，不受外界干扰；宽阔的心理包容力，善于“化敌为友”；超常的心理亲和力，使各种听众都喜欢你；顽强的心理调和力，保持积极的心理状态和做自己情绪的主人，而不做自己情绪的俘虏。演讲心理素质的形成是一个长期的过程，但在演讲前，有针对性、目的性地做一些准备工作也是必要的。

每一个有志于演讲的人，如果在心理素质的培养上多下点工夫，相信会有很大成效。

6. 演讲者要有较强的记忆力

人们总是称赞那些口若悬河、滔滔不绝的演讲者。这主要是因为他们有东西可讲，而这可讲的东西却又来自于“过目不忘”的记忆力。

在演讲前的积累阶段，演讲者博览群书，吸取丰富的知识，他们广于阅历，储存了大量的材料，他们耳濡目染了社会生活的方方面面。虽然丰富、复杂，然而他们却能牢记于心。头脑里储存了大量的信息，一旦需要写演讲稿时，他们就会如囊中取物一般，迅速而准确地输出并组织到演讲稿中，使演讲的内容丰富，形式活泼。如果记忆力不强，大脑中没有储存多少东西，没有一点真货色，又怎能做好演讲呢?

上述六项素质是一个演讲者必须具备的，缺失其中的任何一项或是几项，都会对你的演讲产生很大的影响。但是作为企业总裁，仅仅具备这些还是不够的，还需具备高尚的道德品质、敏锐的观察力，以及注重自己的仪表状态等。只有加强学习，提升素质，你的公众演讲才能取得良好效果。

练就演讲口才，成就总裁范儿

范儿亦称“份儿”，指京剧演员唱念做打的技巧要领和窍门或方法。北京话“范儿”就是“劲头”“派头”“气质”“有情调”的意思，是指在外貌、行为或是在某种风格中特别不错。总裁的“范儿”，就是总裁的个人风格和个人品位。实践证明，练就演讲口才，可以成就总裁范儿。

口才并不是一种天赋的才能，它是靠刻苦训练得来的。古今中外历史上一切口若悬河、能言善辩的演讲家、雄辩家，无一不是靠刻苦训练而获得成功的。那么，什么样的人可以培养成具有总裁范儿的演说家呢?

在现实生活中，一个正在进行热烈谈话的总裁，他的整个身体与语言，看上去和听起来会给人一种融为一体的和谐感觉。在进行公众演讲的过程中，总裁也应该努力达到使整个身体都能活跃起来的效果，这是一切富于表现力的演说绝对不可缺少的。事实上，练就演讲口才，需要从多方面共同努力。

1. 打造“T”形知识结构

所谓“T”形知识结构就是说，在横的方面，具有广博的知识；在纵的方面，要有较深的专门学问。

诸葛亮舌战群儒，其对手都是些满腹经纶的谋士，这些谋士上知天文、下知地理、深读历史、熟读兵书，而且人数众多，诸葛亮面对的是一个智囊群体，显然没有广博的知识，没有高深的专业学问，是无法应付这样的局面的，甚至连招架之力也没有。

2. 要有敏锐的洞察力

一个人观察力的高低，决定了他谋略水平的高低。善观察者，就不易被表面现象所迷惑，而能透过现象看本质，了解对手的真实意图，并应变制胜。

老练的总裁都是应变能力强的谋略家，他们在演讲过程中往往能临机应变，灵活处置，适时地寻找到最佳表达方式，取得制胜效果。

3. 要有流利而连贯的语速

一个句子还没说完，突然萌生了另外一个念头转而再去重新组织语言，这是演说时最忌讳的。这往往是由于选题不当，可讲的东西缺乏趣味性，准备也不充分所造成的。事实上，一位演说者如果感到一种强大的社会动力促使他将自己的想法传递给别人，那么他极少会出现不流利的情况。

4. 要有明显的力度和风格

演说中的活力产生于演说者本人承诺自己所言的态度和自由交流的演说风格。一切激昂的演说都由个性特点带来的活力，因而要培养这种活力。个性特点包括：声音变化余地比一个交响乐团还要大，声音和动作的活跃常常并行不悖，等等。

5. 要有执着热情的目光

没有与听众的目光交流，本身就说明演说是不成功的。演说者不要不时地将眼光投向窗外、地板或天花板，而应时刻使自己的眼睛和听众的眼睛保持接触。

6. 要有幽默而自控的能力

出色的演说家在讲到那些插科打诨的部分时，一定要加重语气；要有很多制造悬念的机会，该使用时则使用，不要有过多顾虑；在幽默中使用那些听众意料不到的语言；一定要保证听众完全明了那些关键的情节；无伤大雅地略指一些人们忌讳谈论的东西，增加故事的趣味性。故事结束之前，千万不要流露出蕴含着故事幽默性的关键部分，应将最精彩的妙语放在最后。

讲故事实际上是一个艺术家的角色，最重要的是使故事适应听众的具体情况，既适应他们的文化水平，又适应他们的职业地位、年龄、智力水平等。在听众面前讲某个故事前，先在自己的朋友面前讲讲，看看效果如何。

7. 要有适度的自信态度

在公共场合讲话时，演讲者必须用他自己的方式向听众表明他很高兴能在他们面前讲话，并且希望得到他们的喜欢，从而产生一种友好而融洽的感觉。

注意培养一种充满善意的感情，它不仅能够使你在其他方面得到更快的提高，而且使你拥有了一种取得成功演说技巧的最有效的工具之一。

8. 要有谦虚和威严的仪表

没有谦虚的态度，就可能失去听众。听众越是反对你的观点，你就越应尊重他们的意见。如何表现谦虚态度，不在于一个人说些什么，而多半在于他是以何种方式去说。我们在说“我肯定这是正确的”这句话时，既可以表现得胆怯踌躇，也可以表现得傲慢无礼、过分自信武断。也许人的面部表情是表现谦虚态度的最重要的工具。

谦虚也有失去效果的时候，如果听众正在努力寻找一位能够体现他们的感情、能将他们组织成一个无坚不摧的群体的领袖，那么演说就应以威严的仪表、斩钉截铁的语言，使人相信自己能充分左右局势。

因此，就谦虚的态度而言，存在着必须严格区分的两种情况。第一种情况要求演讲者尽量迎合听众，要求自己的观点得到尊重的心理。第二种情况要求演讲者表现出果敢的领导风度。在这种情况下，演讲者使用诸如“依我看”这样含糊其词的字眼，反而会大大减弱讲话的效果。

9. 要有明晰的思路和提纲

如果材料混乱地堆砌在一起，没有任何层次，听众便不会对你之所言形成一个明确的概念。演说在演讲者头脑中从头至尾都应是有条不紊地形成一定的布局规划。没有这样明确的提纲，听众很可能会感到不知所云，结果丢掉了演说的主题。

事实上，思路明确的人咬字、发音也往往是清晰的。当他具有一种使听众接受某一观点的强烈愿望时，他就会准确、有力量地支配自己的发音器官。

运用上述方法，拿出你的全部热情和胆量来，针对不同场合、不同对象，说出能完全传达你的思想、意见或真情实感的精彩语言来，就可以成就总裁范儿。

运用修辞手法，让演讲美而动听

演讲是一门语言艺术，既具有较强的逻辑性，也具有一定的艺术性。演讲对语言艺术有较高的要求，因而在演讲过程中修辞手法的运用就显得极为重要，讲究修辞是成功演讲的必然要求。那么，如何在演讲中使用好修辞手法？这里介绍几种常用的修辞手法，让你的演讲美而动听。

1. 排比

排比是用句法结构相同的词组、句子或段落，把两个或多个事物加以比较，借以突出它们的共同点和不同点。很多时候，排比的句子或段落是以一种递进的方式排列，营造出一种雷霆万钧的气势，同时朗朗上口，富有乐感。

这里需指出，排比和对偶是有区别的，使用时应注意区分。对偶句限定为两个句子，排比可由两个或多个词组或句子构成。对偶句要求上下句字数、结构均相同，而排比句只要求大体相同。对偶句可以表达相关或相反的意思，而排比句不能表示相反的意思。

为了达到理想的演讲效果，运用排比这一修辞手法，就成了演讲者最佳的选择。当然，排比的方式不拘一格，演讲者可根据演讲风格及表达内容的不同做出不同选择。但不管选用哪种排比方法，都应注意以下几个问题：切记生拼硬套，以免失之于滥；注意排比中各个分句之间的逻辑关系及排列的条理性；另外，不仅要注意句意上的推敲，还要注意在音韵和音节上的推敲等。只有这样，演讲才会真正的因排比而锦上添花。

演讲中使用的排比有以下几种常见类型（见表2－5）。

表2－5　　演讲中使用的几种排比类型

排比类型	说　明
反问排比	将三个或三个以上的反问句按照一定的顺序排列在一起。将此方法巧妙地运用到演讲中，可使表达的情感如晴天霹雳，令人震撼
假设排比	由三个或三个以上的假设分句组成的排比句式。此方法通过层层假设为前面或后面的结论性语言拓宽视野，如横望坦荡的旷原，如游目蓝色的汪洋
事实罗列排比法	以三个或三个以上结构相近、语义相关、语气一致的句子，将一系列的事实罗列出来。在事实罗列排比法中，有一种较为典型的排比方法，即按一定的时间顺序组成的叙事性排比。演讲者以时间为线，把一系列重要事实通过排比的形式罗列出来，说者掷地有声，听者心潮澎湃

2. 比喻

比喻是用具体、浅显、熟知的某种事理或情景来比方另一种抽象、深奥、生疏的事理或情景的修辞手法。比喻手法的运用往往可以使演讲变得更加生动、形象。

在演讲过程中，经常使用比喻描绘或叙述客观事物，表达我们的观点、看法，抒发思想感情，创造崭新的意象，开拓广阔的想象空间，能使演讲新意盎然，流光溢彩，给人留下鲜明难忘的印象，进而达到鼓舞和感召听众的目的，取得理想的表达效果。

比喻，演讲的神奇魔棒，它可以贯穿于你的整篇演讲中。巧妙运用比喻能让你在演讲场上挥洒自如，能让你的演讲生动形象，酣畅淋漓。用好比喻这根魔棒，让它为我们的演讲增辉添彩。发挥比喻修辞手法的功能，主要实现以下 4 个方面的效果（见表 2－6）。

表 2－6　　演讲中比喻修辞手法的效果

效　果	说　明
彰显演讲的形象性	使抽象事物具体化，再现一幅栩栩如生、生动形象的图画
体现演讲的通俗性	使深奥的理论浅显化，表述自然，语言直白，通俗易懂
展示演讲的创新性	使平凡的事情神奇化，令人耳目一新
增加演讲的风趣性	使严肃变为轻松，既能融合演讲人与听众的关系，又能增加演讲的幽默风趣，使演讲收到较好的效果

3. 对比

所谓对比，就是把两种不同事物或同一事物的两个不同方面放在一起进行比较。演讲中恰当地运用对比手法，能使形象突出，能较全面地表现演讲者的观点，深刻揭示事物的本质特征。常用的如正义与邪恶、英勇与懦怯、伟大与渺小等。

在具体使用过程中，可以通过对有声语言要素的不同处理来达到对比的效果（见表 2－7）。

表 2－7　　有声语言要素的对比说明

功　能	说　明
语速对比	语速快慢有致。但要注意的是，无论语速如何，都应吐字清晰圆润，都应尽可能符合演讲内容的情感要求和逻辑要求
语气对比	同句异读，通过语气灵活多变，使得演讲者的态度足够鲜明。如“既然来当兵，就知责任大”这句话，若用“标准”的语气去说不见得有什么帮助，若能用不同的语气去表达一下，就能很好地体会到演讲者在不同的情境中对语言的能动性

续 表

功 能	说 明
语调对比	同一句话，用升调和降调表现，效果各有不同。通过语调的高低、升降（抑扬）等方面的对比，来使演讲的语调高低抑扬搭配合理，升降流畅自然
重音对比	逐词重读法，对同一个句子中的各个有意义的词语逐个重读。重音对比可以使演讲中的强调意味更加明显，同时可使语意更加明确
变音对比	包括绘声（描摹人声、动物声、物体运动声等）和绘情（颤音、拖腔、破声等）两种方式。其作用是使得演讲的有声语言合理地艺术化，情感充沛，合乎主题、情感的表现需求，合乎演讲内容的需求

4. 引用

引用，就是演讲时引用某些原始资料、典型的原话或成语、典故、格言等，以增强说服力和演讲的动人色彩。引用能使我们的演讲言简意赅，增强情意的表现和说服能力，收到良好的表达效果。

演讲中引用的修辞手法要把握以下 4 项原则（见表 2 –8）。

表 2 –8　　演讲中引用修辞手法的 4 项原则

原 则	实施细则
意思相同	引用的话必须和说话人所要说的意思是一回事。对于要引用的话一定要做到仔细研究，准确无误地领会了它的意思才能引用
勿断章取义	引用别人的话时，必须全面领会它的基本思想，千万不能断章取义
尊重原典	引用原典一定要仔细校对，不可错用或遗漏；同时，演讲中要进行必要的说明
核准数据	其实，在市场经济建设的过程中，数据已成为各级领导者说明问题、论述问题时的重要依据，在工作中的地位越来越重要。在演说中运用统计部门公布的数据，以增强表达效果，强化可信度，但必须对其进行核准

以上几种修辞手法只是演讲过程中常用的几种，在演讲之中巧妙地运用修辞手法会更加贴近观众，让你的语言更加优美，也会让你的演讲更添魅力。

总裁好声音，一鸣惊人的先决条件

我们每个人生而有着各异的嗓音，或深沉洪亮，或尖细高扬，有人声如软玉，也有人鼻音浓重，不一而足。无论声音品质如何，它都是这个世界独一无二的。而声音又直接影响到演讲过程以致演讲效果。

"声音美"的基本标准是：正确清晰、明快清脆、圆浑清亮、富丽清新、坚韧清越。好声音，张弛有度，不拖泥带水；好声音，响亮而有节奏，有声音的轻重、语调的高低、速度的快慢、停顿的长短、情绪的张弛等变化。好声音不仅是语言更有张力、更生动有趣的保证，而且也是总裁一鸣惊人的先决条件。

为了发出好声音并取得一鸣惊人的效果，就要讲究发声的方法和技巧，如音准和音变、吐字和归音、呼吸和换气、停顿和重音、语速和节奏等。具体来说，在演讲中需要把握以下几方面的问题。

1. 控制好声音的响度变化

响度是指声音的大小、高低、强弱的程度。演讲时声音必须有一个合理的响度，才能让听众听真切、听清楚。物理学中它是以"分贝"来计量的，而在演讲中只能靠自己的耳感监听，并从听众的反应中了解响度的效果，做到及时调控。演讲者在整个演讲过程中，要根据表达思想感情的需要、会场空间的划分，以及听众分布等情况，随时变化声音的响度，以达到理想的效果。要做到：低而不虚，沉而不浊，声音有强有弱，错落有致，用以显示演讲口语的层次感和声音的错落美。

2. 提高声音的清晰度

演讲是靠有声语言来表达思想感情并与听众进行交流的。如果演讲者声音含混不清，就无法准确地传情达意。演讲时，要使声音集中、清晰，首先要靠咬字器官的力量集中，这主要表现在舌和唇上。舌头在口腔中的活动对发音影响最大，汉语普通话所有音节中，除辅音的唇音以外，全都要靠舌头的积极活动。舌头弹动力强，声音就会发得清晰；如果舌头是软绵绵的，缺乏阻气力度，声音就会模糊。可见，声音的清晰与舌的活动状态密切相关。

3. 语言一定要流畅

演讲是一种口语表达艺术，它不仅要求声音清晰、准确，而且要求演讲者的语言流畅自然，以充分显示严谨的逻辑力量和语言魅力。语言流畅度训练重在加强语言实践，多读、多讲。“读”，就是多读演讲名篇，包括默读、朗读、快读。“讲”，就是只要条件允许，就不要放过机会，厘清思路，不停地讲下去，甚至参加辩论，以提高话语的流畅度。

4. 注意语气的交错性

在演讲过程中，语气要随着演讲内容的发展变化而变化，有时在表示某种感情基调的同时，又出现其他的感情色彩，于是就有了语气的交错和重叠。闻一多先生的《最后一次演讲》，整篇的基调是愤怒、激越的，但其中也渗透着对李公朴先生及其家属的强烈的爱以及对光明未来的期待和追求。因此，在进行语气训练时，要注意到这种语气的交错，分清主次，处理好重叠和过渡，使语气更好地为内容服务。

5. 控制好说话的速度

说话的速度是演讲需要注意的一点。为了营造沉着的气氛，说话稍微慢点很重要。标准大致为 5 分钟三张左右的 A4 原稿，不过要注意的是，倘若从头至尾一直以相同的速度来进行，听众会睡觉的。所以，要根据演讲的内容调整说话的速度，做到有快有慢，快慢结合，这样的语速才能吸引听众的注意力。

6. 努力练气和练声

俗话说“练声先练气”，气息是人体发声的基础。气息的大小对声音有着直接的影响，气息小声音就弱，气息大则有损声带。人的声源在声带上，也就是说人的声音是通过气流震动声带发出来的。其中口腔是发声的一个重要的共鸣器，声音洪亮与否、是否有磁性、是否有穿透力，与它有着直接的关系。

要想发出好声音并取得一鸣惊人的效果，在掌握声音和节奏的过程中还要注意这样几点：一是声音要响亮，语气激昂，抑扬顿挫，饱含感情，富有磁性和穿透力；二是必须认真对语音进行研究，努力使自己的声音达到最佳状态；三是讲究朴实的口语，绝不能像平常随便讲话那样任意增减音节，拖泥带水，这样便损害了口语的健康美，破坏了语言的完整性；四是语调的选择和运用，必须切合思想内容，符合语言环境，考虑现场效果。

第三章

肢体语言：总裁公众演讲打造视觉形象

肢体语言又称身体语言，是指通过眼、手、臂、身等人体部位的协调活动来传达思想，形象地借以表情达意的一种沟通方式。正确运用肢体语言，不仅有助于别人理解演讲意图，而且能够使演讲者的表达方式更加丰富，表达效果更加直接，进而使演讲现场的气氛更加和谐。

不只嘴巴能说话，身体也可以说话

演讲是一种综合能力的展现。演讲者除了应具有深厚的文化底蕴、良好的心理素质和标准的普通话水平外，还要辅以适当的肢体语言以更好地传情达意。演讲时不只嘴巴能说话，身体也可以说话。一场完美的演讲不仅要展现你的口才，更要发挥你的肢体语言铺垫、强调的辅助作用，从而充分彰显舞台魅力。

1. 肢体语言在演讲中的功能

肢体语言是演讲者的必修课程，不同情境下的肢体语言也大不相同，丰富准确的肢体语言能帮助演讲者更好地诠释不同角色。不同的肢体语言有着不同的意义，如演讲者上身前倾，表示谦恭、热情，讲到高潮时的一个挥手、握拳等手势可能代表了力量、鼓励等，这些都能加强语气，加深情感的宣泄。具体来说有 5 个方面的功能（见表 3－1）。

表 3－1　　肢体语言的功能

功　能	说　明
表露功能	它可以表达口语难以表达的信息
替代功能	它可以替代口语，直接与观众交流、沟通
辅助功能	它可以辅助口语，使人“言行一致”，思想得以强化，被表达得更清楚，更深刻
适应功能	它可以适应本人的心理、生理需要
调节功能	它可以发出暗示，调节演讲时演讲者与观众之间的关系，使观众作出积极反应

2. 如何发挥肢体语言在演讲中的辅助作用

肢体语言独特的有形性、可视性和直接性，对于演讲者来说，具有不可低估的特殊价值。充分发挥肢体语言铺垫、强调的辅助作用，对演讲者来说也是一个十分重要的能力。下面以走姿和站姿来做一些说明。至于演讲中其他方面的肢体语言如面部表情、手势和眼神等，后面则有专题讨论。

出场时的走姿。通常演讲者的出场，只是从后台走到讲台，虽然还没开口说话，但从演讲者的走姿、站姿、表情等，对观众已经产生了首轮效应。心理学中，首轮效应称第一印象效应，也有人将首轮效应理论直接叫作“第一印象决定论”，这种印象的好坏，往往会直接左右着人们对事物的评价，因此，演讲者出场这短短的几秒时间有时甚至影响到后面的演讲效果，它的重要性可见一斑，演讲者不可忽视。

出场时走姿的要求。具体而言要做到正确而优美地行走，就应当注意下列几个要点：第一，走动时上体前驱，以腰动带动腿动和脚动；第二，行进时应将腿伸直，而要做到这一点，首先要使膝盖伸直；第三，行走时应上身挺直，并且始终目视自己的正前方；第四，走路时应将注意力集中于后脚，并且使脚跟首先触地，女性穿高跟鞋的应全脚掌落地；第五，步行时应保持相对稳定的节奏，不论是步幅、步速还是双臂摆动的幅度，均须注意此点；第六，前进应当保持一定的方向。从理论讲，男女行走的最佳轨迹应是平行线，女性的平行线应紧挨在一起。

下场时也需注意，上场时怎么走，下场时也一样。有的演讲者以为讲完就没事了，然后长出一口气，转身便跑下台去了；有的人边走还边吐舌头，抓耳挠腮；有的人更是急不可耐地向朋友打手势。这些都应彻底避免。只有当你从听众眼中消失时，你的演讲才算结束。最后的时刻，千万别把前面花费的功夫全给毁了。人往往在结束的时候放松警惕，所以切记最后的道别不可忽视。

至于演讲中的站姿，常言道“站如松”，指站立要像松树那样端正挺拔。站姿是静力造型，显现的是静态美。站姿也是训练其他优美体态的基础，是表现不同姿态美的起始点。规范的站姿要求是头正，两眼平视前方，嘴微闭，收颌梗颈，表情自然稍带微笑。两肩平正，放松并稍向后下沉。两臂自然下垂，中指对准裤缝。挺胸收腹腰正，臀部向内向上收紧。两腿立直贴紧，两脚跟靠拢，脚尖向外夹角呈60度。

良好的站姿从侧面看，应是后脑勺、肩、臀部、后脚跟尽可能在同一条直线，但由于生活中大部分人没有经过形体训练，因此会出现颈部前伸、驼背、胸部不挺括、塌腰挺肚、耸肩等形体毛病，通过训练才能从脊柱上给予调整，并消除这些问题。

总而言之，良好的肢体语言不仅有助于演讲者气质风度的养成，还有助于演讲者形体的雕塑，更有助于演讲者身心健康。因此，在此建议演讲者要多利用业余时间进行形体训练，纠正错误的形体毛病，从容运用肢体语言，增添个人魅力，同时也将这种美好的礼仪仪态传播四方。

表情丰富生动，贵在自然流露

人的面部表情，是人的思想感情在外貌上的显示，是人的思想感情最灵敏、最复杂、最准确、最微妙的“晴雨表”。有人曾问古希腊最伟大的演说家德摩西尼：“对于一个演讲家，最重要的才能是什么?”德摩西尼回答：“表情。”又问：“其次呢?”“表情。”“再次呢?”“还是表情。”由此可见表情在演讲中的重要作用。演讲中面部表情丰富多彩，可以说是另一种深刻、直观的表达方式，甚至比语言、手势等更能使人入木三分。

1. 演讲者面部表情及其在演讲中的重要性

面部表情包括眼神、眉目、脸部、口唇等。它主要是指演讲者通过自己的脸、嘴和眉目所表达出来的感情。人的面部表情是十分生动、丰富和复杂的。根据生理学和神经心理学研究，人的喜、怒、哀、乐等复杂感情在脸上的表露，都是由面部二十四双肌筋的交错收缩与放松而造成的。比如，面部肌肉绷紧，多出于严肃、庄重、愤怒、疑问、不高兴的时候；相反，面部舒松则表现一种平易、和蔼可亲、取信于人、理解、友善、感激等感情。

在肢体语言中，面部表情能传情达意，是人的内在思想感情在外貌上的显示。正如法国作家、社会活动家罗曼·罗兰所说的那样："面部表情是多少世纪培养成功的语言，比嘴里讲得更复杂到千百倍的语言。"所以，富有经验的演讲者，总是充分地利用面部表情和手势，表达出丰富的思想感情，吸引听众，影响听众，感染听众。

在当今的社交活动中，这种全人类的表情成为了交际过程中的重要手段之一，它以最灵敏的特点和共性，把具有各种复杂变化的内心世界表现出来。如高兴、悲哀、痛苦、畏惧、愤怒、失望、忧虑、烦恼、疑惑、不满、得意等思想感情都可以通过面部表情充分地反映出来。"喜怒哀乐形于色"就是这个意思，这个"色"就是由面部表情和眼神来决定的。

经常看演讲的人都有这样的体会：当我们坐在大厅里观看演讲者演讲时，在他上场的那一瞬间，首先看到的是他的整体形象潇洒的风度，高雅的气质，大方的步态，得体的打扮等。我们一一对比审视之后，在心中定格出演讲者形象，但进行时间一长，大家的眼睛会会聚到演讲者的一个部位——脸部。这并非演讲者有一张漂亮迷人的脸蛋儿，而是因为脸部是感情的"晴雨表"，听众可以从上面读懂演讲者的情感世界。

2. 对演讲者面部表情的基本要求

演讲者应该善于把自己的内心情感，最灵敏、最鲜明、最恰当地显示出来，应该善于通过自己的面部表情对听众施加心理影响，构筑其与听众交流思想情感的桥梁。为此，演讲者的面部表情应该是自然且丰富生动的，这是对演讲者面部表情最基本的要求。

（1）面部表情贵在自然。演讲者表情可贵之处在于自然，保持自我的"本来面目"。自然才显得真挚，而做作出来的表情显得虚假。

要在演讲中做到表情自然流露，需牢记表情三忌（见表3-2）。

表 3－2　　演讲表情三忌

三　忌	说　明
一忌拘谨木然	拘谨木然，会影响演讲的感染力和鼓动力。有的演讲者死死盯着演讲稿不放，或者上台后仍然苦思冥想，目不斜视，像小学生背书一样背诵演讲稿，面部表情呆板僵硬，死冰霜，听众对此讥讽之为“铁面人”“白雪公主”
二忌神情慌张	有的演讲者惊慌不安，手足无措，面红耳赤，战战兢兢，这样自然难以传达出演讲内容和演讲者的内心情感，而且会影响听众的情绪
三忌故作姿态	故作姿态的人虽有感情的表露，但不真实、不自然，并不会真正感染听众。矫揉造作的面部表情还会使听众感到滑稽或虚假，降低对演讲者的信任感，影响演讲效果

（2）面部表情应该丰富生动。面部表情不仅要自然，而且应该丰富、生动，应随着演讲内容和演讲者的情绪发展而变化，既顺乎自然，又富于变化，一笑一颦，一蹙一展，都能够和演讲的内容合拍，把听众引入演讲者所希望达到的形象、感情、理性的各种境界中，或者把听众的情绪由低潮引向高潮，使听众产生强烈的共鸣。

要想在演讲中让表情丰富生动，必须遵循以下原则（见表 3－3）。

表 3－3　　演讲表情原则

原　则	说　明
准确原则	面部表情作为一种演讲表达的形式，首先应与实际内容和现场气氛相统一；其次是面部表情的变化要与演讲者的意图相吻合
自然原则	要自然真诚，发自内心，尽量保持日常生活中的自然性
灵活原则	既要有灵敏感和鲜明感，又要有真实感和艺术感，但不要刻意追求演员式的表情

当众演讲时，如何运用你的眼神

心理学研究表明，在人的各种感觉器官可获得的信息总量中，眼睛占

80%以上，人内心的隐秘，胸中的奔突，总是自觉不自觉地在不断变幻的眼神中流露出来，它犹如一面聚焦镜，凝聚着一个人的神韵气质。

苏格拉底曾谈到眼睛能准确而鲜明地表达出各人的各种思想感情。意大利著名艺术大师达·芬奇有一句名言："眼睛是心灵的窗户。"人们常说"眼睛会说话"，它能够表达出一些用语言难以表达的极其微妙的思想感情。

在整个演讲中，眼神的表情达意起到了举足轻重的作用，有经验的演讲者总是恰当巧妙地运用自己的眼睛，表达出丰富而多变的思想感情，以影响和感染听众，加强演讲效果。

许多人上台发言由于紧张，我们的眼睛容易出现"疏于管理"的现象，变得飘忽不定。当你在思考的时候、忘词的时候眼睛常会翻上去看天花板。如果观众得不到你眼神的"眷顾"，你的话语就难以有感人的力量。

一个成功的演讲者一定要了解千姿百态的目光语。正视表示庄重，斜视表示轻蔑，仰视表示思索，俯视表示羞涩，逼视表示命令，瞪视表示敌意，不住地打量表示挑衅，低眉偷觑表示困窘，行注目礼表示尊敬，白眼表示反感，双目大睁表示吃惊，不停眨眼表示疑问，眯成一线表示高兴。配合着眉毛的变化，眉目传情意义更广泛。欢乐时眉开眼笑，眉飞色舞；忧愁时双眉紧锁；愤怒时横眉怒目；顺从时低眉顺眼；戏谑时挤眉弄眼；畅快时扬眉吐气。

1. 演讲中进行眼神交流的方法

演讲的时候一定要通过眼睛来与听众保持沟通交流。眼神交流方式有环视法、虚视法、凝视法、闭目法、点视法和俯仰法（见表3－4）。需要注意的是，在演讲过程中，这几种眼神交流方式交替使用。

表3－4　演讲时的眼神交流方式

方　法	实施细则
环视法	即有节奏或周期性地把视线从会场的左方扫到右方，再从右方扫到左方；从前排扫到后排，再从后排扫到前排，不断地观察会场，与所有听众保持眼睛接触，增强相互间的感情联系。运用此法一定要照顾全局，不可忽视任何角落的听众；同时，不宜太频繁，反对"眼睛滴溜溜地转"，这样会使听众不知所以而感到滑稽可笑

续　表

方　法	实施细则
虚视法	即“眼中无听众，心中有听众”。此法在演讲中应用是最多的。这种眼神可克服演讲者分神、紧张的毛病，显示出彬彬有礼、端庄大方的神态来，又可以把思想和精力集中到演讲的内容上来。演讲的视线范围在听众上，适合听众比较多的时候
凝视法	目光有节奏或周期性地环视全场，其目的主要在于掌握整个演讲现场动态，照顾全场，统率全局。运用这种方法，可使全场听众产生亲近感
闭目法	这是视线变化的特殊表现，是一种无方向的视线，无视线的视线。闭目法有它特定的意义和作用。比如，当演讲的内容使演讲者和听众的情绪极度高涨，情感难以控制的时候，或讲到某位杰出人物激起人们极大的敬佩的时候，演讲者可以短暂地闭一下眼睛，以表示某种特殊的感情，此时的“无视线”可以取得意想不到的效果
点视法	就是重点地观察，注视不安静处或不注意听讲的听众。一般听众发现了演讲者的目光，就会触目知错，停止骚动、私语
俯仰法	在演讲时不要老是注意听众，可以根据内容运用仰视和俯视。如表示长者对后辈的爱护、怜悯与宽容时可把视线向下；表示尊敬、撒娇或思索、回忆时可把视线向上

随着演讲者的思想感情的千变万化，眼神的变化也是多种多样的，有待于演讲者细心体察和匠心处理，不好机械地做出事前规定。

2. 演讲中目光的使用要遵循的原则

无论使用哪种目光接触的方式，都是为了表达一定的思想内容和感情，绝不可漫无目的地故弄玄虚。目光接触技法的运用要和有声语言以及其他体态动作密切结合，协调一致。同时，在运用目光时，大多数时候应表现出信心和活力，显示出应有的风度。

（1）要赋予目光的传递与演讲内容保持一致。因为眼睛本身总带有一定的思想感情色彩，如果你不能有意识的使用它，或者失去自我感觉地乱用一通，势必引起听众的误解。比如，要给听众一种可亲感，以利于他们接受你的意见，就应该让眼睛闪现热情、诚恳、坦白、亲切的光芒。此外，眼神要同演讲者的思想感情的变化同步产生和终止。思想感情表达完毕，相应的眼神也要恢复正常。

（2）环顾或者专注要保持风度。“环顾”不是让眼睛转个不停，而是有意识有节制地转动。经验表明，眼睛从一个地方扫到另一个地方，又从另一个地方转回原来的地方，如此不断地循环往复，不但不能照顾全场，集中听众的注意力，而且相反，还会害得听众也跟着你乱转，从而分散了注意力，严重时甚至可能引起一种厌倦情绪，从此不再注意你的眼睛。同时，不能有过多的凝视，这样会对听众形成压力。要避免凝视的副作用，可以时时采取虚视，这样既不失礼貌，也可使双方感到自然，而演讲者也不会因为视线过分集中而分散对演讲本身的注意。

（3）目光的传递与场面和人数相一致。场面大，人数多，目光只需看几个点上的听众。如左边，右边，前面，后面。场面小，人数少，目光最好和全场的听众都进行交流。

（4）眼睛的活动不但要和脸部的表情协调一致，而且还要同有声语言密切配合，才能收到更大的交流效果。因为协调一致才容易为听众所理解，也才能有效地把眼睛的神色变化烘托出来。孤立的眼神会显得单调无力，不能充分实现传神达意的作用，因此要和有声语言形式、手势、身姿等密切配合，协同动作，以求收到更大的效果。

要特别说明的是：视线的运用往往是各种方法综合考虑、交叉动用的，同时要按照内容的需要，押着感情的节拍，配合有声语言形式和手势、身姿等立体进行，协同体现。

用适宜的手势语言引导听众情绪

手是人体的表情器官之一，手势是使用频率最高的肢体语言形式。由于双手活动幅度较大，活动最方便、最灵巧，形态变化也最多，因而演讲中手势的表现力、吸引力和感染力也最强，最能表达出丰富多彩的思想感情。在演讲过程中，寓意深刻、优美得体的手势，能产生极大的魅力，激发听众的热情，加深听众对演讲内容的理解，使演讲获得成功。

许多人上台发言由于紧张，自己的双手不知如何放，主要表现为报臂、插兜、手足无措等。演讲中，自然而安稳的手势，可以帮助演讲者平静地说明问题；急剧而有力的手势，可以帮助演讲者升华感情；稳妥而含蓄的手势，可以帮助演讲者表明心迹。

1. 手势的含义

手臂姿势，通常称作手势。它指的是人在运用手臂时，所出现的具体动作与体位。它是人类最早使用的、至今仍被广泛运用的一种交际工具。在长期的社会实践过程中，手势被赋予了种种特定的含义，具有丰富的表现力，加上手臂有指、腕、肘、肩等关节，活动幅度大，具有高度的灵活性，手势便成了人类表情达意的最有力的手段，在肢体语言中占有最重要的地位。

要想在演讲中充分发挥手势的辅助作用，应该对手所表达的方式和含义有一个大致的了解（见表3－5）。

表3－5　　手势的表达方式和含义

方　式	含　义
拇指式	竖起大拇指，其余四指弯曲，表示强大、肯定、赞美、第一等意
小指式	竖起小指，其余四指弯曲合拢，表示精细，微不足道或藐视。这一手势演讲中用得不多
食指式	食指伸出，其余四指弯曲并拢，这一手势在演讲中被大量采用，用来指称人物，事物，方向，或者表示观点甚至表示肯定，胳膊向上伸直，食指向空中则表示强调，也可以表示数字“一、十、百、千、万”等。演讲中右手比左手使用的频率高，手指不要太直，因为面对听众手指太直，针对性太强
俯手式	掌心向下，其余状态同仰手式。这是审慎的提醒手势，演讲者有必要抑制听众的情绪，进而达到控场的目的，同时表示反对、否定之意；有时表示安慰，有时又用以指示方向

续 表

方 式	含 义
手啄式	五指并拢相夹相触，指尖向上，就像一个收紧了开口的钱包，用于强调主题和重点，也表示探讨之意
手剪式	五指并拢，手掌挺直，掌心向下，两手同时运用，随着有声语言左右分开，表示强烈拒绝
手切式	手剪式的一种变式。五指并拢，手掌挺直，像一把斧子用力劈下，表示果断、坚决、排除之意
手抓式	五指稍弯，分开、开口向上。这种手势主要用来吸引听众，控制气氛
手压式	手臂自然伸直，掌心向下，手掌一下一下向下压去。当听众情绪激动时，可用这手势平息
抚身式	五指自然并拢，抚摸自己身体的某一部分。以这种手势把手放在胸前，往往成为一些演讲者的习惯手势。双手抚胸表示沉思、谦逊、反躬自问。如以手抚头表示懊恼、回忆等
挥手式	手举过头挥动，表示兴奋、致意；双手同时挥动，表示热情致意
掌分式	双手自然撑掌，用力分开。掌心向上表示“开展”“行动起来”等意。掌心向下表示“排除”“取缔”；平行伸开表示“面积”“平面”之意
拳击式	双手握拳在胸前做撞击动作，表示示威间的矛盾冲突
拳举式	单手或双手握拳，平举胸前，表示示威、报复；高举过肩或挥动或直捶或斜击，表示愤怒、呐喊等。这种手势有较大的排他性，演讲中不宜多用
拍肩式	用手指拍肩击膀，表示担负工作，责任和使命的意思
拍头式	用手掌拍头，表示猛醒、醒悟、顿足，表示愤恨、哀戚、伤悲
搓手式	双手摩擦，意味做好准备，期待取胜；如果速度慢表示猜疑；在冬天则表示取暖；拇指与食指或其他指尖摩擦，通常暗示对金钱的希望

2. 演讲中运用手势的方法

演讲的手势是多种多样的，但是也有一定的规律可循，按它的运用方式、意思大致可以分为以下几种（见表3－6）。

表3－6 演讲手势的含义

手　势	含　义
情意手势	这种手势主要是表达演讲者喜、怒、哀、乐的强烈情感，使之具体化。比如讲到胜利成功时，演讲者拍手称快；讲到非常气愤的事情时，演讲者双手握拳，不断颤抖；讲到着急、担心时，演讲者双手互搓。情意手势既能渲染气氛，又有助于情感的传达，在演讲中使用的频率最高
指示手势	这种手势有具体指示对象的作用。它可以使听众看到真实的事物。比如讲到“你”“我”“他”或“这边”“那边”“上面”“下面”时，都可以用手指一下，给听众更清楚的印象。这种手势的特点是动作简单、表达专一，基本上不带感情色彩。这种手势只能指示听众的视觉可以感知的事物和方向，视觉不及的，不能运用这种手势
形象手势	这种手势主要用来模仿事物，给听众一种形象的感觉。比如演讲者讲到“袖珍电子计算机只有这么大”时，用手比画一下，听众就具体知道它的大小了。在讲到“微型的照相机只有现在的进口打火机那么大”时，用手势配合一下，既具体又形象
象征手势	这种手势可以表示抽象的意念，用得准确恰当能引起听众的联想，例如讲到“让我们扬起理想的风帆，向着光辉有未来前进!”“同志们，冲啊!”用右手向前上方有力地伸出，这个手势就象征着奋勇前进的大军。展示未来美好的意思都可以用此手势。再如表示胜利的“V”形、停止的“T”形、赞许的“OK”形等
习惯手势	是指那些往往是在下意识的状态下产生的含义不太明确的手势。任何一位演讲者，都有一些他自己有而别人没有的习惯性手势。手势的含义不明确不固定，随着演讲内容的不同而体现不同的意义。毛泽东在演讲时常有一个叉腰的手势，孙中山先生演讲时常常拄着手杖，斯大林在演讲时习惯拿着烟斗，边讲边摇，这些手势成为他们独特的风格

我们了解了演讲手势的基本含义，至于演讲时用双手，还是用一只手，这要视具体情况而定，不可一概而论。可以从会场的大小、听众的多少、内容的需要、表情达意的强弱等几点选择用什么手势。

3. 演讲中运用手势要遵循的原则

手势在演讲中的作用是多方面的，善于利用手势可以扩大其思想容量，加强其形象表达，增强其感情色彩。但它毕竟是辅助手段，不可喧宾夺主，而且也不应当代替有声语言，不可能也不应该与有声语言具有相同的功能。为了能够有效地引导听众情绪，在手势的运用上，应该符合以下几点要求。

（1）准确。所谓准确，是指手势与语言的内容要一致，不能让人费解或误解。虽然相同手势在不同的民族、国家会表达不同的意思，但手势又有一定的规定性和更大的一致性。如果演讲者“言行不一”，听众就会搞得丈二和尚摸不着头脑。

（2）适度。所谓适度，是指演讲时手势的频率和幅度。先说频率。演讲者在演讲时自始至终没有任何手的动作，固然显得生硬呆板，但动作太多太碎，又会喧宾夺主，使听众根本没有注意他讲的内容。而动作太少，感情表达就不充分也不利于听众理解。再说幅度。手势的幅度要视听众的多少和会场的大小而定。人数多，会场大，动作的幅度可以大一些，表现得明显一些，使两侧及后排的听众也感受得到。人数少，会场小，动作的幅度就可以小些，否则，会显得虚张声势，分散听众注意力。

（3）简练。所谓简练，就是每一个手势都力求简单、精练、清楚、明了。要做得干净利索、优美动人，切不可琐碎、拖泥带水。有的演讲者，常常是为了手势而手势，伸出去的手经常在胸前及头上来回摆动，像小学生在学打拍子，显得很幼稚，听众自然就会觉得你的演讲内容也不会深刻到哪里去。个别的演讲者出于哗众取宠的心理，经常在自己的手势上加一些“花点”，结果，反倒使听众茫然不解。其实，手势越简练越有表现力。

（4）自然。所谓自然，是指手势不要太机械，不要太僵硬。演讲者的手势贵在自然。自然才是感情的真实流露，自然才能表情达意，才能给人以美感。僵硬的、呆板的，甚至做作的手势会使听众感到不舒服，甚至反感。同时，演讲者不可老是重复单一的手势，这样会显得枯燥乏味。

（5）协调。所谓协调，是指手势要与其他演讲要素统一、和谐。演讲者的手势从来都不是单独进行的，它的一招一式，总是和声音、姿态、表情等密切配合进行的。只有将一切表演手段都调动起来，共同为总目标服务，才能产生巨大的感染力。在各种表演手段的配合中，就出现了协调问题。协调的动作才是美的动作，离开了协调就谈不上美。比如演讲者话说出去了，动作还没有做，或是话已经讲完了，手势还在继续做，就会使听众感到滑稽可笑。手势固然重要，但只有和其他表演手段配合好，做到协调一致，才能收到最佳效果。

让得体的服饰打扮为演讲加分

无论是演讲还是普通的交谈中，你的外表打扮都是最直观的因素，服饰、仪表是首先进入人们眼帘的，特别是与人初次见面时，由于双方不了解，服饰和仪表在人们心目中占有很大分量，打扮得体的演讲者让人看了，精神也会为之一震。而演讲者的服装搭配在演讲中有着举足轻重的作用，无论男女都各有服饰标准，总体来说需要干净、大方、整洁、朴素，具体而言又有很多标准。

1. 演讲者着装需遵循的原则

演讲者在演讲时须穿正装。正装，顾名思义就是正式场合穿的衣服。传统的正装有西装、中山装、套裙等。正装的穿着原则如表 3－7 所示。

表 3－7　　正装的穿着原则

原　则	含　义
三色原则	三色原则简单来说，就是身上的色系不应超过 3 种，很接近的色彩视为同一种，颜色太多则给人一种花里胡哨的感觉

续　表

原　则	含　义
有领原则	有领原则说的是，正装必须是有领的，无领的服装，比如T恤，运动衫一类不能称为正装。男士正装中的领通常体现为有领衬衫
纽扣原则	正装应当是带有纽扣式的服装，拉链服装通常不能称为正装，某些比较庄重的夹克事实上也不能称为正装
皮带原则	男士的长裤必须是系皮带的，通常弹性松紧穿着的运动裤不能称为正装，牛仔裤自然也不算。即便是西裤，如果不系腰带就能很规矩，那也说明这条西裤腰围不适合你。笔者觉得皮带有时像男人的手表一样重要
皮鞋原则	没有皮鞋的正装绝对算不上正装，运动鞋和布鞋、拖鞋是不能称为正装的。最为经典的正装皮鞋是系带式的，不过随着潮流的改变，方便实用的懒式无带皮鞋也逐渐成为主流
女式套裙	女式正装最常见的就是西服套裙了，与之搭配的衬衫、内衣、鞋子、袜子等颜色不能太艳丽。比如内衣的颜色不能过于显眼，鞋子不能选用大红大紫之类的，在正式场合建议女士不要穿凉鞋或者露趾的鞋，如果穿高跟鞋，鞋跟高度3~4厘米为宜

2. 演讲者服装的要求

要让得体的服饰打扮为演讲加分，有很多具体的要求。

（1）服装与体态的协调。要求演讲者在考虑服装仪表时，必须有整体美感，不可为个别部位的美而破坏了整体形象美。首先是身材与打扮要互相协调。比如，一个大胖子就不宜穿过紧的衣服，否则包得紧紧的，会叫人感到透不过气来；而瘦高的人穿横条的服装就可显得丰满些，矮胖的人穿竖条的服装可显得苗条些。其次是服装要和体形、肤色相适应。比如体形肥胖的人，适合穿深色服装，这样看上去目标集中，会显得匀称些。体形瘦小的，适合穿浅色服装，这样看上去目标松散，会显得丰满些。皮肤白皙的人，穿深色、浅色的服装都可以。皮肤较黑的人，最好穿稍浅色的服装，但不宜穿黑色的服装。

（2）服装与内容的协调。演讲者在不同的演讲会上，要根据其内容的不同而决定服装的款式。演讲不是文艺演出，不是戏剧表演，演讲是一项高雅的、高层次的社会活动。因此，演讲的服装有一个总的原则就是有领子、有袖子、有扣子。在此前提下力求使自己的服装与演讲主题和内容相协调。此外，服装的颜色要与演讲者的思想感情和演讲内容的特点协调一致。因为颜色给人的感觉是很敏感的，不同颜色所表达的不同寓意和象征作用，已经在人们思维中形成了较为牢固的观念。比如，深色给人深沉、庄重之感；浅色让人觉得清爽、舒服；白色使人感到纯洁；蓝色使人感到恬静；红色、黄色则使人感到喜庆、愉快。如果演讲的内容是严肃、郑重的，或愤怒、哀痛的，穿深色衣服或黑色衣服比较合适。如果演讲的内容是欢快、喜悦的，穿浅色的、鲜艳的衣服会更好些。

（3）服装与听众的协调。演讲者的服饰款式与色彩一定要注意与演讲的现场气氛相和谐，与季节相符合，与广大听众的装束相协调。不可过于华丽时髦，那样会分散听众注意力，引起非议，破坏演讲气氛。比如：你穿的衣服太奢侈华美了，听众脑海里就会产生一层阔少或贵妇的误会，讲好了还没有关系，若是讲得不好，有的听众也许会这样讥笑你："这家伙讲话不行，可穿得不错，很漂亮，可惜我们是来听演讲的，而不是来看时装表演的。"虽然不至于到这种程度，但起码会影响听众的注意力和精神。

（4）服装与身份的协调。服装对人体有扬美与遮丑的功能，它可以反映人的精神风貌、文化素质和审美观念。演讲者的衣着应该典雅美观、整洁合身、庄重大方、色彩和谐、轻便协调。具体而言，要求做到外表整齐、干净、美观，风格高雅、稳健、感觉良好、行动方便，与自己性别、年龄、职业等协调，充分体现出自己的特点与神韵。比如，男性演讲时服装不能过于随便和随意，女性演讲时不宜穿戴过于奇异精细、光彩夺目的服饰，否则会引人瞠目和议论，影响演讲效果。

（5）演讲服饰和打扮的注意事项。具体包括：不要穿短裤、背心、短裙上台演讲；不要穿大衣演讲；室内不要戴围巾演讲；不要戴项链，耳环，戒指演讲；一般情况下不要戴帽子演讲；不要戴有色或变色眼镜演讲；不要戴手套演讲；不能穿拖鞋，凉鞋上台；不要背小挂包、背包上台演讲；上台演讲只能化淡妆，不能浓妆艳抹；女士不能披头散发，男士不能蓬头乱发。

演讲礼仪，此处无声胜有声

礼仪是在人类社会生活中逐渐形成、并为大家共同承认和遵守的表示友好方式或仪式。它是历史发展的产物，不同时代，不同社会，不同国度，表示礼节的方式和对礼节的具体要求都不一样，例如，以鞠躬代替跪拜，以握手取代作揖打拱，都体现了现代文明的特点。

礼仪是演讲者整体形象和演讲成功的重要组成部分。有经验的演讲者从步入会场、登台演讲，到演讲结束离开会场，都特别注意自己的体态风度，十分讲究礼仪，给人以完美、良好的印象。根据演讲会的程序和规律，演讲者在体态举止、风度气质、礼节礼仪上应满足以下 8 个方面的要求。

1. 步入会场

演讲者要态度谦和，步子稳健，潇洒自如，不论听众是否在注意你，都要面带微笑，用眼神和听众进行友好的交流。切忌左顾右盼或装腔作势，给人以轻佻和傲慢之嫌；也不宜忸怩畏缩，有失身份。

2. 就座前后

当演讲者与随同者走到座位前时，不应马上坐下，而是要以尊敬的态度主动请大会主席或陪同人员入座，对方肯定会礼貌地恳请演讲员入座，这时双方稍事相让，但不宜过多推让，即可落座。入座时声音要轻，要坐正、坐稳，身体不宜后倾或斜躺，不宜前后探望，不要和台上台下的熟人打招呼，也不宜玩弄手指、衣角等。

3. 介绍之时

当主持人介绍演讲者时，演讲者应自然起立，向主持人点头致意，并向听众鼓掌或点头，以表示感激之意，切不可稳坐不动或仅仅欠一下身子。

4. 登上讲台

正式登台演讲时，先向主持人点头致谢，然后从容稳健、充满自信、精神饱满地走上讲台，郑重、恭敬、诚恳地向听众鞠躬或敬礼。除严肃的场合下，演讲者都应面露微笑，并用目光环视全场，表示光顾和招呼；站稳后不要急于开口，而是要停顿几秒后，再开始演讲。

5. 演讲开始

说第一句话时要有亲切感，起调不要太高，音量不要太大，否则就会给人以缺乏修养、狂妄自大的感觉。要注意选择恰当的称呼，得体而充满感情的称呼能迅速沟通演讲者与听众的思想感情，激发听众情绪。

6. 演讲之中

演讲时要热情开朗，切不可摆出目中无人、冷若冰霜的面孔；要尽量以良好的姿态、稳重的举止来传神达意；手势要适度、适量、适宜，表情要自然、谦逊、有礼貌；当现场听众出现烦躁不安时，切不可随意讽刺训斥，而应体现出自身的涵养；当听众鼓掌时，演讲者可略停一会儿，并点头或用手势表示谢意。

7. 走下讲台

演讲结束时，应面带微笑说一声："谢谢"或"我的演讲结束了，谢谢大家"，然后先向观众鞠躬或敬礼，再向主持人致意一下后，从容不迫地回到原座。下台时切不可过于匆忙，显出羞怯失意之神态，也不可摆出扬扬得意、满不在乎的样子。坐下后，如大会主席和听众以掌声向演讲者表示感谢，应立即起立，面向听众，点头敬礼，以示回谢。切不可流露出敷衍了事或得意忘形的神态。

8. 离开会场

会议结束后，主持人或单位负责人陪同演讲者走出会场时，听众常常会出于礼节而鼓掌欢送。这时，演讲者更应谦逊谨慎，面带微笑，自然、得体地用鼓掌或招手和频频点头的方式，向听众表示诚挚的谢意，直到走出会场为止。切忌心不在焉、无动于衷。

总之，演讲活动是一种高层次的社交活动，演讲者一定要全面了解和掌握礼仪要求，时时处处都注意自己的一言一行、一举一动，要给人一种谦虚谨慎、彬彬有礼、风度翩翩的印象，这样才不会因为缺乏风度和礼仪而影响演讲的整体效果。

第四章

即兴演讲：总裁必备的即兴表达能力

所谓即兴演讲，就是在特定的情境和主体的诱发下，自发或被要求立即进行的当众说话，是一种不凭借文稿来表情达意的口语交际活动。即兴演讲并非高深莫测，只要掌握了即兴演讲的技巧和语言表达规律，随机应变、紧扣主题、联系心情、讨论主题、呼吁行动，就能给人留下深刻印象，获得成功。

哪些场合需要总裁进行即兴演讲

企业总裁在公众场合的活动比较多，包括欢迎、欢送、聚会、接见、会见、签约、大会、奠基落成、挂牌、揭牌、慰问、捐赠等，而且很多情况下都要在这些场合发表演讲。每一个场合演讲的内容和方式各不相同，如何在不同场合进行演讲并收到良好效果，其中大有学问。

人，总是在一定的时间、一定的地点、一定的外部环境条件下生活，在不同的场合，面对着不同的人和不同的事，要从实际出发，用不同的方式说不同的话，这样才能收到理想的演讲效果。

不看场合，随心所欲，信口开河，想到什么说什么，这是“不会说话”的一种表现。说话看场合，常见的有以下几种区分。

1. 自己人场合和外人场合

我国文化传统一向是重视内外有别的。对自己人“关起门来谈话”，可以无话不谈，甚至可以说些放肆的话，什么事都好办。而对外边的人，总怀有戒心，“逢人只说三分话，未可全抛一片心”。求人办事，一般是公事公办。因此，遵循内外有别的界限谈话，社会上认为是得体的，违反这一界限，便被认为是“乱放炮”，说话不得体了。

2. 正式场合与非正式场合

正式场合说话应严肃认真，事先要有所准备，不能乱扯一气。非正式场合下，便可随便一些，像聊家常一样，便于感情交流，谈深谈透。有些人说话文绉绉，有些人讲话俗不可耐，就是没有把握正式场合与非正式场合的界限。

3. 庄重场合与随便场合

“我特地来看你”，显得很庄重；“我顺便来看你”，有点随随便便来看你的意思，可以减轻对方负担。可是，在庄重的场合说“我顺便来看你”就显得不够认真、严肃，会给听话者蒙上一层阴影。在日常生活中，明明是“顺便来看你来了”，偏偏说成是“特地看你来了”，有些小题大做，让对方增加心理负担，对方或许就会因此而不帮助你了。

4. 喜庆场合与悲痛场合

一般地说，说话应与场合中的气氛相协调。在别人办喜事时，千万不要说悲伤的话；在人家悲痛时，不要说逗乐的话，甚至哼哼民歌小调，别人就会说你这人太不懂事了。

说话有“术”，“能说会道”也是一种本领。古有“一语千金”之说，也有“妙语退敌兵”之事。可见，会说、巧说是何等重要。我们应重视“说”的作用，讲究“说”的艺术。在求人办事时，注意语言的学习与积累，针对不同的场合，要选用最得体、最恰当的语言来表情达意，力争获得最佳的效果。

总之，社交活动中如集会、节日联欢、讨论等场合都可能需要总裁即兴演讲，届时，要让大脑和情绪处于激活状态，不要紧张，更不要回避。要在演讲能力、演讲内容、演讲方式3个方面适应“在不同场合说不同的话”的要求。

随机应变交际口才是总裁必备素质

随机应变能力，是一种根据不断发展变化的主客观条件，随时调整领导行为的难能可贵的能力。而即兴演讲恰恰可以成为检验一个企业总裁社交素质的“试金石”。

社交场合，发言过程中可能会遇上猝不及防的情况，应对不当，往往令人难堪。但老练的社交高手能够应对自如。

美国总统奥巴马就曾遇到一件令他相当尴尬的事情。在视察曾经多次遭受飓风影响的新奥尔良市时，一位9岁的小男孩向奥巴马提问说："我很想知道，为什么人们会讨厌你呢？他们应当爱你才是啊。上帝是仁慈的。"奥巴马显然对这个问题颇感意外，他思考了一会儿后郑重其事地回答说："这个问题也正是我想阐明的。我是位民选总统，因此并不是所有人都讨厌我，我赢得了大多数选票。"他接着又说，"如果你晚上喜欢看电视的话，你就会发现似乎每个人都不怎么讲道理。因此，你不能完全相信别人所说的话。你要知道，这就是所谓的政治。"奥巴马机智地扭转了被动局面。

1935 年在巴黎大学的博士论文答辩会上，主考人向著名史学家陆佩如先生提出了一个怪问题："《孔雀东南飞》这首古诗里，作者为什么不说'孔雀西北飞'呢？"问题一提出，答辩会场上顿时有些动静，旋即又都静了下来，一齐把目光投向了陆佩如。陆佩如心想：作为艺术描写，说孔雀东南飞、西北飞，都是可以的。但如果这样认真地照直说，会使主考官受窘，认为自己所提的问题近于无知和荒唐。于是，他灵机一动，做了一个奇怪的回答："西北有高楼。"这个回答非常巧妙。满座的老师皆放声大笑，连连称赞。原来，《古诗十九首》里有这样的诗句："西北有高楼，上与浮云齐。"陆佩如巧于应变，顿使答辩会上充满了浪漫的活泼气氛。

由此可见，巧于应变，能扭转局面并展示个人良好的修养、敏捷的思维和灵巧的口才。

1. 随机应变即兴演讲需要具备的素质

即兴演讲是一种特殊的演讲方式，演讲的人完全是随机应变。那么，即兴演讲需要具备哪些素质？主要有以下 5 个方面（见表 4－1）。

表 4－1　即兴演讲需要具备的素质

素　质	说　明
知识广度	只有学识丰富，才能在短暂的准备时间内从脑海中找到生动的例证和恰当的词汇，使即兴演讲增添魅力。这就要求演讲者具备一定的自己所从事的专业知识，并能了解日常生活知识，如风土人情、地理环境等

续　表

素　质	说　明
认识能力	演讲者对内容应能宏观地把握，通过表层迅速深入到事物本质上，形成一条有深度的主线，围绕着它丰富材料，连贯成文，以免事例繁杂、游离主题
综合能力	即兴演讲要求演讲者在很短的时间里把符合主题的材料组合、凝练在一起，这就使演讲者应具备较强的综合能力，有效地发挥出其知识的广度和思想的深度
表达能力	即兴演讲没有事先写就的演讲稿，临场发挥是特别重要的。演讲者在构思初具轮廓后，应注意观察场所和听众，摄取那些与演讲主题有关的人物或景物，因地设喻，即景生情
应变能力	即兴演讲由于演讲前无充分准备，在临场时就容易出现意外，如怯场、忘词等现象。遇到这种情况，只有沉着冷静，巧妙应变，才能扭转被动局面，反败为胜

2. 即兴演讲的要求

即兴演讲以它少而精、小而活、快而准的特点，符合时代的潮流，迎合了人们快节奏的生活方式，因此，这种演讲方式深得听众的欢迎。而正是即兴演讲的个性特点与特殊功能，决定了即兴演讲的特殊要求。

（1）对即兴演讲者能力的要求。即兴演讲能力是一种高级的演讲能力，是最能反映演讲者修养和功底的。即兴演讲面临的具体课题多变，它要求演讲者必须确有真才实学、知识渊博，具有较高的才情禀赋。同时，即兴演讲面临的情况比较复杂，这就要求演讲者必须具有最佳的心理素质，特别是要有良好的意志品质，能够控制自己的情绪，调节自己的心境，集中自己的神思来完成演讲。并且，即兴演讲的触发性、临时性、短暂性特点，特别要求演讲者头脑清醒、机智、思维敏捷、词汇丰富，能够迅速捕捉话题的精义、要害、理出头绪、列出提纲、快速组织语言。

（2）对即兴演讲内容的要求。对即兴演讲内容的要求，主要有以下两点：其一，材料必须新颖。就是要讲那些别人想说而说不出或者没有想到过的道理；要讲那些大家正在思索，但还没有被正确地提出来的问题；要讲那些人们想脱口欲出，但还没有找到合适语言表达的心声。这样就容易缩短演讲者和听众的距离，使听众产生共鸣而有所获、有所得。其二，立意必须深刻。同样的一件事情可以包含几个意义，我们要根据不同的目的来确定演讲的立意。要使立意深，演讲者确定中心论点的角度就要尽量少而集中，要小中见大。所谓少而集中，是要求演讲者从生活中的平凡现象着眼，由此及彼，以点带面，抓住最本质的一点，触类旁通，引申扩展，上升到理论高度，使其小而实、短而精、细而宏、博而深，令人回味无穷。所谓小中见大，是指要求演讲者力求说出点新意，哪怕是说出一星半点的火花和闪光，也会使道理增色生辉。

（3）对即兴演讲方法的要求。对即兴演讲方法的要求，主要有以下两点：其一，构思要敏捷。注意培养敏锐的观察能力和分析、归纳、概括能力；构思时要选取本人熟悉的人、事、物、景为话题，因为只有自己熟悉的事物，大脑反应才迅速、快捷；构思时要选取听众熟悉的、感兴趣的事物和听众关心的热门话题，这样才能与听众产生共鸣。其二，语言要简洁。即兴演讲，本来篇幅就不长，而短短的几分钟演讲，要给听众留下深刻的印象，就特别要求语言要简洁，不能说废话、空话、套话，不能冗长啰唆。语言简洁不是单纯地把长句换成短句，而是要锤炼词句，要杜绝一切空话和废话，要节省话语，含而不露，留有余地，力求达到言简意赅的意境。

选好即兴话题，组织扣题材料

即兴讲话是总裁的一项基本工作。总裁出席座谈会、讨论会、协调会、工作会，参加一些礼仪活动，外出参观学习，下基层检查指导工作，接待群众来访，经常要作即兴讲话。即兴从选择话题到组织材料，容不得深思熟虑，全凭现场思索和临场发挥。且“一言既出，驷马难追”，不容修改和掩饰。因此，即兴讲话是对一个总裁心理素质、应变能力、说话水平、文化修养等综合能力的考验。

1. 选好即兴话题

要在“临阵磨枪”时做到又快又光，选择好即兴演讲话题十分重要。选择合适的话题，一般要采取以下几种方式（见表4－2）。

表4－2　选择即兴演讲话题的几种方式

方　式	实施细则
现场提炼	现场提炼主题就是抓住所在场合发生的有关事件，或利用现场环境的布置、氛围，选准一点，迅速组合。这样显得随和、亲切，没有生硬感，很容易被听众接受
受人启发	当你和其他人在同一个场合需要先后发言时，恰恰你又不是第一个讲，这时要细心听他人发言，寻找自己的话题，酝酿新观点。当轮到你发言时，就应注意不要重复别人讲过的话。如果前面发言的是领导，即可说“刚才首长的讲话非常全面、非常深刻，我的体会有这么几点……”等等
多维思考	即兴演讲如果老生常谈，听众就会感到厌烦。特别是在他人之后发言，记住不要人云亦云。也许转换角度，就可以独辟蹊径，出奇制胜
设置问题	如果一时尚未确定话题，可借助这样的提问来明确话题：怎么办？说什么？怎么说？现场有什么可说的？现场能联想出什么？自己有什么感受？还有什么问题可以补充？有价值的主题往往就形成于有价值的问题之中
从旁借鉴	常言道：处处留心皆学问。从广播、电视、报纸、杂志上看过的资料，或自己经历过的事等都可拿来引入话题。或风土人情，或新闻逸事，或诗词警句，信手拈来，由此切入正题，可起到事半功倍的效果

另外，选择话题时应注意的问题：对于不知道的事情不要冒充内行；不要在公共场所谈论别人的缺陷；不要谈容易引起争论的话题；不要到处诉苦发牢骚。

2. 组织扣题材料

选定话题后，要在短暂的时间内先打个“腹稿”。根据所要表达的主题的需要，先讲什么、后讲什么，从什么话题引入，怎样结尾，怎样进行前后衔接，事先设好逻辑线索，做到胸有成竹。或总分或并列或层进，尽量把思路理通。注意说话的逻辑性和层次感。因为是即兴演讲，所以不要絮叨冗长，要简明扼要。

材料的快速组合是体现即兴演讲能力的主要因素之一。它要求演讲者在极短的时间内解决好“说什么”和“怎样说”这两个问题。即兴演讲中材料的组合有并列式、正反式、递进式 3 种形式（见表 4－3）。它们有时可以互相结合、互相套用。

表 4－3　　即兴演讲中材料组合的 3 种形式

形　式	说　明
并列式	将总题分解成若干个分题。如在一个名为《世界也有我们的一半》的即兴演讲中，谈了 3 个问题：一是女人没有获得自己的“一半”；二是女人本应有自己的“一半”；三是女人应争得自己的“一半”。这 3 个分题各自独立又互相连贯，共同阐明同一主题：世界也有我们的一半。这种材料的组合方式可使演讲条理井然，而且极有力量和气势
正反式	围绕题目要求，一方面从正面说明，一方面从反面说明。如在《一个青年军人的思考》的演讲中，围绕着“我们应当自强不息”这一主题，先列举一些反面事例，进行分析、批评，然后以一名战士自学成才的事例从正面称赞自强不息的民族精神。正反对比，效果明显突出，引人深思
递进式	围绕所要说明或论述的问题，先说明“为什么”，继而谈“怎么样”。如在《在失败面前挺起胸膛》演讲中围绕中心谈了两个问题：一是自己为什么能在失败中崛起；二是自己是怎样从失败中崛起的

感情诚挚热烈，表达通俗易懂

即兴演讲是在临时场合短时间内向人们传递信息，需要演讲者运用适当的方式进行演讲，这样才能收到信息有效传递的效果。为此，需要做足两方面的工作：一是感情诚挚热烈，二是表达通俗易懂。

1. 感情诚挚热烈

即兴演讲是即席而起，有感而发。没有感情的演讲是苍白无力的。古人云："感人心者，莫先乎情。"而在做到情真意切，叙事时要使听众如临其境，把"感情再生出来"；说理时就必须情理相生；抒情时应当情理兼备。要把自己的所思、所感、所爱、所憎，诚挚地传达给听众。

要使听众激动，演讲者自己首先要有激情。演讲者动了真情，才能喜、怒、哀、乐分明，语言绘声绘色，从而感染听众，达到交流情感的目的。即兴演讲者不仅要有激情，还要在演讲中流露真实情感，使感情表达得恰如其分。

值得一提的是，不同气质类型的人，其情感表达方式各有不同。多血质的即兴演讲者在演讲时善于表达自己的感情，往往是慷慨激昂、声泪俱下，或语重心长、娓娓道来，其中需要注意的问题是：情感表达的适度性、适量性。胆汁质的即兴演讲者在演讲时感情炽烈，表达迅速而猛烈，但缺乏稳定性、持久性，有时易感情用事，因此要注意根据具体情况在前后基调一致的情况下训练自己表达情感的持久性。黏液质的即兴演讲者情绪不易外露，故感情表达不充分，也缺乏变化，需要在动真情的基础上充分地表达出自己的内心情感，并探索情感表达的变化性和感染力。抑郁质的即兴演讲者情绪不易外露，在演讲时要注意大胆表达自己的符合演讲场景的真实情感，不要忸怩，不要怯场，力求以感情充沛的形象出现在听众面前。

2. 表达通俗易懂

演讲者演讲时的语言要简洁、通俗易懂。一个善于演讲的人的语言总是大家所熟悉的，听起来很亲切。如果演讲的语言过于书面化，就很难让听众理解，或者还需要一个过程才能明白演讲者所要表达的意思，那这个演讲就不能算成功。

有些人错误地认为，不论是发言还是演讲，既然是在众人面前表现自己的口才，就要选用那些文绉绉的词语，给人留下文化品位高的印象。其实，这种认识是片面的。要知道，词语是静态的，而听众接受的形式还是以听觉为主。如果我们的讲话能够让词语"动"起来，使听众眼前浮现出不同的"立体"形象"画面"，那么无疑会使人浮想联翩而兴味盎然。反之，如果尽用那些抽象笼统、没有"色彩"变化的词语，就容易让听众索然寡味，失去对所听演讲的兴趣。

法国哲学家阿兰曾说过，"语句抽象总是糟糕的。你的句子里应放满石头、金属、桌子、椅子、动物、男人、女人。"道理很简单，因为这些经常出现的东西就是我们"自身"，听众没有办法不让它们"进入"到自己的心里。所以，通俗易懂、贴近生活的演讲才会受到人们的喜爱。

国外一个知名演讲家说过一段很生动的话，"人们思考时，总是清晰具体而非笼统抽象的。我们应该避免这样的句子：'如果一个民族的行为、习性和情趣粗鲁而野蛮，那么他们的刑法规定就很严厉。'而用这样的表达取代它：'如果某个国家里的人们喜欢战争、斗牛和格斗，他们就会用绞刑、火刑和五马分尸来作为刑法。'"以表意为主的汉语词汇，有许多生动活泼的成语、俗语和谚语，都可以列入我们的话语中。事实上，往往就是那些"大白话"的讲话，既通俗易懂，又幽默风趣，更能赢得听众的青睐。

用简短的演讲最终获得行动

演讲者是信息的传播者，听众是信息的接收者。演讲者离开了听众就失去了对象，演讲活动就无法进行，通过演讲最终获得行动的目的也就无法达到了。

在即兴演讲过程中，许多演讲者不能把自己的目标与听众的目标相结合，临场时常常弄得自己手忙脚乱，连说话都不流畅，演讲失败也就不可避免了。所以，一定要事先把听众和场合分析清楚，才可以围绕既定目标进行演讲。为了能在时间很短的即兴演讲中打动你的听众，让听众接受你的建议并采取行动，需要采取以下演讲策略。

1. 用自己生活中的事例来说明

在演讲中，应该用大部分的时间来描述一个曾给你启示的经验。我们平常就有很多丰富的经验，下面的建议，可以让举例的步骤清晰有力，具有意义。

（1）根据个人经验举例。一件曾经教导你且永远不能忘记的深刻教训，是说服性演讲必备的条件。利用这种事件，可以打动听众让他们采取行动——听众会这样推理，如果你会遭遇到这种事，他们也可能会遭遇到，那么最好是听你的劝告，做你要他们做的事。

（2）使事例细节切题。细节本身不一定具备趣味性，所以只能选用能强调你的演讲重点和缘由的细节。也就是说，围绕话题重点用细节来渲染故事，就是最好的方法。它可以帮助你重现当时的状况，使听众身临其境。如果你把自己感到惊心动魄的细节转化为语言，使用各种丰富的词语传达你的感受，那么就能把这件事刻画在听众的心里，他们也会相信你真诚的忠告。事例中丰富的细节，很容易让听众身临其境。你就是要让听众看到你所看到的，听到你所听到的，感觉到你所感觉到的。

（3）叙述时必须让经验重现。除了运用图画般的细节，演讲者还应该让自己描述的情景再现。所谓演讲，其中重要的一部分就是给人以戏剧感的“表演”，比如富于面部表情，善于模仿或做手势等。比如，你想描述一场大火，就把消防队与火焰搏斗时人们感受到的激烈、焦灼、兴奋、紧张的感觉传递给听众；你想诉说自己在水中做最后挣扎时怎么惊恐，就让听众感受到那可怕时刻的绝望。

2. 向听众提出行动请求

演讲叙述细节的需要完成后，就直截了当地声明行动时机已经到了。

（1）重点简单明确。人们一般只会去做他们所清楚了解的事情。所以，你必须确实告诉他们该做什么了？把重点像写电报稿一样写下来，是个很不错的主意，尽可能地精减字数，又要使内容清楚、明白。

（2）重点明确易行。演讲者给予明确的行动指示，比简单的言辞更能引发听众的行动。说“在祝康复的卡片上签名”要远比劝听众寄慰问卡，或写信给一位住院的朋友更好。

3. 说出行动的原因以及听众可能获得的利益

演讲到结尾了，你已经没有时间了，所以你要提出自己演讲的动机，告诉听众如果按照你说的要求去做，会有什么益处。

你所强调的好处应该是从你所举的事例引出的。如果叙述自己买旧车省钱的经验，然后又力劝听众买二手货，那么切不可偏离事例，告诉听众说有些旧车的样式比最新的汽车好。

总之，上述方法是通过简短演讲最终获得行动的各个步骤，是迄今为止最有趣、最具有戏剧性，而且最具说服力的方法。

掌握特定场合的演讲之道

由于现代企业与人合作的活动日趋广泛与频繁，企业总裁应邀在特殊场合做简短演讲的机会越来越多，如纪念演讲、颁奖演讲、结业演讲、学术演讲、介绍性演讲、致欢迎词等。这类特殊场合的演讲在即兴演讲中占有重要地位，其中的演讲之道除了即兴演讲的一般性原则和方法外，还有一些特殊规则需要把握。

1. 特殊场合的演讲仪式和内容

特殊场合的演讲，因为有特定的性质与仪式，以下就3种比较常见的特殊场合演讲分别加以介绍说明，它们是专题演讲、欢迎来宾的致辞和颁奖致辞（见表4－4）。

表4－4　3种常见的特殊场合演讲实施细则

特殊场合	实施细则
专题演讲	做专题演讲须对专题的背景材料加以梳理，目的在为演讲“铺路”，提高听众对讲者以及演讲内容的重视

续 表

特殊场合	实施细则
致欢迎词	在一些正式欢迎访客、接待贵宾的场合里，如外宾来访、出国访问归来等，总裁常代表企业致欢迎词，这是制造人际关系的第一步。其主要目的，除了对来宾表示欢迎以外，应该与访客的来访、促进双方的感情与了解表示感谢
颁奖致辞	对企业中成绩优良或有特殊贡献的人，总裁常给予正式的褒奖与表扬。总裁代表企业在这种正式的仪式中颁奖，当然也必须致一个简短的颁奖词，主要目的在嘉许、表扬得奖人的杰出表现与贡献

2. 特殊场合演讲的忌讳

我国自古以来就有一些不同场合的说话忌讳，虽然毫无科学根据，但很多已成为约定俗成的说话规则。这也是特定场合演讲之道的一个重要方面，需要认真掌握好。

（1）婚礼的场合。婚礼谈话中较忌讳使用“断”“散”“离”等字音。另外，宾客致辞时最好避免自我炫耀或自我宣传，毕竟婚礼上的谈论重点不是你。朋友与熟人向新郎、新娘敬酒时，虽然可以态度较轻松活泼，但不能过分随便，否则会遭人嫌恶。开玩笑时，口气宜适度俏皮，避免失礼。

（2）丧礼的场合。由于那是个伤心悲痛的场合，说话者的表情及说话内容要非常慎重。这种场合下，说话不宜太多，也严禁幽默、风趣的对谈。谈话的内容应集中表现对故人的哀悼与怀念之情，并称赞其优点。也不要忘记用简短、真诚的话来安慰、鼓励亡者的家属。

（3）其他聚会。新春聚会时，最好不要以演讲或训诫的口气来谈论未来计划，应以自然的态度谈天；另外，最好不要谈太多有关工作的话题。参加朋友的生日聚会时，要尽量以轻松的口吻，谈论生活中的小插曲，谈到寿星时，应该多多称赞。参加长辈生日聚会时，说话不要强调年纪，少论及生死问题，以免使老人家心生伤感。参加孩子的家长会时，可选择印象较深刻的话题来说，并谦虚地向老师及其他家长表达谢意。要提及孩子的近况，谈谈学生受到老师照顾颇多，并婉转表达家长对老师的期望。

第五章

演讲主题：总裁思想理念的充分表达

主题是演讲的灵魂，它决定演讲思想的强弱，制约材料的取舍和组织，影响到论证方式和主题调度。没有明确的主题，演讲就如同没有灵魂的木偶雕像，即使讲得天花乱坠，也会让人不知所云，不解其意。因此，好的演讲主题要目的明确，有预期效果，有利于组织材料，耐人寻味。

选好话题切入点，是演讲成功的基石

如果说演讲主题体现了总裁的思想理念，那么选好话题切入点则是演讲成功的基石。为此，需要划定话题范围，了解话题特性，正确对待话题并遵循一定的原则。

1. 划定话题范围

企业总裁能在一个很大的范围内选择主题，其演讲话题包括企业经营管理的方方面面。可以用于公众演讲的主题包括：企业文化建设、员工流动性、企业薪酬改革、奖惩机制、大数据时代、政府拨款和企业科研资金、多元文化对本企业的影响等。此外，在企业中，演讲时面对的听众是职工群众，一般情况下演讲就是讲故事。故事中的例子选择一定要注意找新鲜新颖的，最好找企业内荣人荣事，这些事真实，贴近大家，讲起来能感动人。当选好话题切入点时，你会感到惊讶，竟然有那么多内容是你可以大谈特谈的。

演讲话题的选择余地很多，这可能让事情更加简单，不过也可能因为对所选话题理解不深而让演讲变得更加困难。因此，一定要满足所需要的标准，为自己列出一份清单。

值得一提的是，不要高估在时限内你可以覆盖的资料数量。如果拟定的主题范围太广，你会发现要把你想说的一切归纳出来压力很大。找出主题的焦点，这意味着你必须缩小主题范围，才能有足够的时间阐明你想要表达的观点。

2. 了解话题特性

选择演讲话题时，要充分认识到话题本身所具有的一些特性。

（1）恰当性。一定要思考听众可能以什么方式理解你的信息。如果正打算做一篇关于大数据时代的信息式演讲，但听众对“大数据”不甚了解，那么你的观点会被看成是具有争议的话题。

（2）复杂程度。极度复杂的主题往往更适合单个地讲授，而不是演讲。如果演讲内容超出了所有听众的理解范围，会让听众觉得你是在卖弄你的知识。

（3）主题意义。选择有意义的主题，不要把你的时间或者听众的时间浪费在无关紧要的细枝末节上。你不想超出听众的理解能力，不过你也不会想要侮辱他们的智慧。记住你是在进行严肃认真的演讲，而不是在咖啡馆里表演喜剧。

3. 选好话题应该遵循的原则

选择一个好的话题，不仅要划定话题范围、了解话题特性，还需要演讲者有一个正确对待话题的态度，并遵循一定的原则。

（1）选择自己热切想要倾诉的演讲话题。对于一个演讲者来说，必须对自己要演讲的题目有深切的感觉，这一点极为重要。有了深切的感觉，获得了深刻的认知，才能传递出有价值的信息，并激发听众产生共鸣。

（2）对选择的演讲话题充满热忱。热情，是演讲成功的“催化剂”，只有真挚的感情才能打动在场的所有人。在这里，首先应该对题目投入热情，并能够激起听众的兴趣。

（3）演讲话题的内容，也要超越一点听众所理解的范围。真正伟大的经典，就是那少数几本非一般人所能理解的书籍，所以它们就好像是工具书一样，可以不断重复地阅读。成功的演讲也是如此。应该让听众从中吸取不同的东西，使听众的心智发展又往前跨出了一步，同时也能慢慢领悟出其他有待深入了解的事物。

选择有意义的演讲主题并找出焦点

演讲主题是指演讲传播的是一种什么思想、意向或以什么思想、意向去传播。一般来讲，演讲主题很宽泛，地域上包括东西南北中，内容上包括工农商学兵，范围很大，内容丰富。演讲是为了传播思想理念，以便于指导实际工作、解决实际问题，因此应该从本企业本行业的角度出发，选择有意义的演讲主题；同时，要采用“聚焦”的办法，把焦点问题提出来进行分析，并提出解决之道。只有这样，演讲才有意义。假如泛泛而谈，则味同嚼蜡，是演讲者知识匮乏、认识肤浅的表现。

1. 如何选择有意义的演讲主题

当你了解了演讲的性质、目的和参加人员的情况，又选择了演讲的题材，这些对你传递什么思想、理念就规定了一半。另一半是在这种规定下，由演讲者根据对客观事物的感受、理解、认识决定的。

演讲是为了说明一定的观点和态度。这个观点和态度一定要与现实生活紧密相关。它讨论的应该是现实生活中存在的并为人们所关心的问题。它的观点要来自身边的生活或学习，材料也是如此。它得是真实可信，是为了解决身边的问题而提出和讨论的。这就是演讲主题的意义所在。

演讲主题的要求是正确、新颖、深刻，具有时代的特色，反映时代的需求，为广大听众所关心、接受。那么，如何选择有意义的演讲主题？应注意以下几点原则（见表5－1）。

表5－1　　选择有意义的演讲主题的几点原则

原　则	说　明
要科学、正确	你确定的思想、理念要符合规律，接近真理
要符合时代精神	要跟上当前的形势。时代和社会是不断向前发展的，人们的思想、理念也是不断更新的
要积极、进取	这种思想、理念具有鼓舞力、催人上进力，使其积极行动起来
要富有建设性	在已有的成果基础上再增添些什么，使之更有起色。不要单纯地否定、指责、批驳什么，至于什么是对的、应该怎么办，反而则不了了之

续 表

原 则	说 明
要旗帜鲜明	演讲的主题要鲜明、突出，演讲者的爱憎态度从中要明显地表现出来。这种主题听众一听就知道你的思想、理念是什么
要集中单一	一篇演讲稿只能集中地讲述一种思想或理念，主旨分散或多中心就会什么都讲了什么也没讲清楚

2. 如何找出并阐释演讲主题的焦点

焦点，比喻事情的关键所在，或争论的集中点，或人们的关注集中点。在演讲中由于常常没有时间交代重要细节，演讲会变成一段抽象语言。因此，应该尽可能在预定时间里，把谈话焦点集中在能解释清楚的部分，并善用实例来说明。

用事实证明主题焦点，为听众提供了一个机会以检查自己是否正确理解了演讲者的意思。把概念应用于具体事例，听众可以看到他或她的理解是否与演讲者的意思吻合，这已经超越了好故事所具有的一般意义。作为演讲者，你必须决定采用真实的还是假设的事例，这些例子应该详尽还是简短。

事实是被人们所普遍接受的命题。虽然有些事实并不能通过五官感觉直接加以验证，但“地球距离太阳九亿三千万里”却被人们作为事实普遍加以接受。我们把它当作事实加以接受，是因为我们根据大量重复性的观测经验建立了理论框架，并能因此做出近乎绝对确定性的预测。用这样的例子来做解释说明时，你一定得保证它们是直白明了、紧扣主题以及多视角的，这一点非常重要。

当然，用举例来证明观点时，还必须接受特定的逻辑检验。比如，举例是否具有代表性？举例是否充分？是否需对反例做出解释？

焦点内容是你需要在演讲中强调的，因此，在演讲时，在任何适当的时机都应该重复演讲主题两三遍。比如在演讲的开始、中段尤其是在末尾，要提及演讲主题的焦点内容。

演讲的目的一定不能模糊不清

演讲的目的是说服听众改变态度并按照演讲者的意图去行动。这就要求演讲者了解听众的心理、要求和希望及对你所讲观点的态度，这样你才能有的放矢地做好演讲。

在第一次世界大战期间，一位著名的英国主教对正要前往战场作战的士兵发表演讲，这位主教对士兵大谈“国际亲善”“塞尔维亚在太阳下有权占领一席之地”等道理，可是大多数士兵对塞尔维亚是一个城镇还是一种疾病都弄不清楚，所以最终也没搞清楚自己为什么被派往前方作战。在主教演讲的过程中，要不是有宪兵把守出口，士兵早就跑光了。

这位主教面对这些军人演讲失败，原因就是他不了解他的听众，也不知道自己演讲的确切目的。

相比之下，美国前总统林肯在所有这样的场合里，其主要目的都是加深听众的印象，使他们信服。他对陪审团讲话时，是想要赢得对自己有利的结果；进行政治演讲时，他是想要赢得选票。这个时候，他的目标，就是获得响应，其结果都达到了目的。

1. 明确演讲的目的

演讲作为一种现实的社会性活动，其目的或目标可用一句话来概述，即争取最大限度的“共同性”。这里所说的“共同性”是“取得共识、建立同感”的意思。可是各种不同的演讲还有自己的目的，有宏观的和微观的目的，还有现场的和散场后的目的。

从总体上看，演讲的目的就是演讲者与听众取得共识，使听众改变态度，激起行动，推动人类社会向理想境界迈进。演讲无论是宣传自己的主张、观点，或是传播道德伦理情操，还是传授科学文化知识和技艺，都是为了让听众同意自己的主张、观点和立场以取得共识，并在此基础上激发听众的实际行动，向着理想境界迈进。这是演讲的公共目的和意义。

2. 现场目的和散场后目的

我们还可以从演讲者所追求的目的来看演讲的目的，一般有现场目的和散场后目的两种。

从现场目的来看，每个演讲者都希望演讲能成功。这一目的完全可从现场和直观效果反映出来，如听众的表情、情绪，或者捧腹大笑，或者义愤填膺，或者欢呼雀跃，或者泪水横流，或者高呼口号，或者掌声雷动，这就表明演讲者的实用目的符合了听众的实用目的，引起了共鸣。

当然，现场的效果仅仅是表面的，关键是演讲者的实用目的、演讲的内容打动了听众的心灵。任何演讲者都不会只停留在现场的目的上，而是更注重散场后的目的，即听众的实际行动，这才是演讲者的最终目的。

拿破仑率部队远征埃及时，在金字塔附近和敌人的主力遭遇，情况危急，拿破仑立在马队前高声演讲道："士兵们，今天四千年历史从这些金字塔的上面看着你们！"简短的演讲使远征疲惫的法军士气大振，终于大胜敌军。他的演讲产生了现场的直观效果，鼓舞了士气，士兵英勇杀敌，取得了胜利，进而实现了散场后的目的。

演讲现场的目的是散场后目的的前提和基础，散场后的目的又是现场目的的归宿。没有现场目的的实现，就不可能有散场后目的的实现。如果只追求散场后的目的，忽视追求现场目的，散场后的目的不过是一句空话，演讲也就失去了意义。

总之，每位演讲者必须确立明确的演讲目的，做到宏观和微观的统一、表层与深层的统一、目前与长远的统一，这样的演讲才是有意义、有价值的。

获取需要说明演讲主题的基本材料

在确定主题后，就应该着手收集素材、组织材料了。

作为演讲稿写作对象的“材料”，是指客观存在的一切人、物、事、景、情、理等。不管古今中外，也不管历史的、现实的还是具体的、抽象的，凡可作为演讲写作对象的都可称为材料。这些材料作用于人的头脑，会引起人们的思索、想象和认识，给人一种信息。一篇演讲稿，不论选择了什么题材，确定了什么主旨，材料的充分、可靠和典型的程度都是衡量其质量优劣的尺度之一。

材料是演讲者长期通过直接或间接的方式获得的。但演讲者在他所掌握的这些材料中，只有很少一部分适合写一篇演讲稿。因此在写作演讲稿的时候，对材料就要进行选取。

1. 素材的类别

在准备素材时，我们因为害怕素材枯竭而使自己在现场手足无措，所以准备了过多无法用于演讲的资料，以至于最后耽误了自己太多的时间；同时，我们在素材准备上还应给自己更大的弹性空间。为此，我们把素材分为以下 3 类（见表 5 –2）。

表 5 –2　演讲素材的类别

类　别	内　容
核心素材	演讲时必须用到的素材。要善于运用核心素材适应演讲主题
可任意处理的素材	那些如因演讲时间不足而省略，也不会对整个演讲造成伤害的那些素材。这类素材很多时候可以不用
辅助素材	如果时间足够的话就不妨把这类素材提供给听众，这样做，一定是有益无害的。在回答听众的问题时也可以运用这些素材

2. 选材的方法

（1）对材料进行分析。材料是客观存在的，它包含一定的内容，能说明一定的问题，但是并不直接显露出来。它既可以说明这个问题又可以说明那个问题。这说明，被选取的材料既是客观的也是主观的。正确选取的材料是主客观的统一。

（2）在分析的基础上鉴别。即把它们的本质意义和所能说明的问题做一番比较，把与演讲主旨相关的留下，不相关的舍去。做到材料和主旨统一，客观和主观一致。“大同”可使主旨集中、统一，“小异”可使主旨充实、圆满。

3. 选材的原则

演讲者通过分析和鉴别，保留了一些适合这次演讲用的材料，但对这些材料还要进一步选取。因为演讲过程实际上是一个新的完整的体系，取自不同方面、来自不同渠道的材料在这里要导向某些规律性认识，使听众增加新的知识；另外为演讲时间所限，原保留的材料不可能都讲出来，这就需要对材料进行一次新的选取。对材料的选取，一般依照下列原则。

（1）以主题为根据，选取能充分、贴切展现主题的材料。

（2）选取具有典型性的材料。

（3）选取真实、可靠、具体的事实材料。

（4）选取新鲜、有趣的材料。

（5）选取符合自己身份的材料。

在演讲时，如果有一两个材料符合上述原则中的两点，就是很好的材料。在有些特殊的情况下，仅符合上述原则中的一点也是可取的。

演讲主题开场白一定要有“干货”

“干货”，主要指脱水后的食品。也可用来比喻“真抓实干”。据报道，2013 年 3 月 4 日下午，习近平总书记看望出席全国政协十二届一次会议的科协、科技界委员，并参加他们的联组讨论。11 位委员响应“不念稿”的要求，先后作了发言。习近平表扬他们开门见山、直来直去，讲的都是“干货”。

同样道理，演讲主题开场白一定有“干货”。这里的“干货”，是以其新颖、奇趣、敏慧之美，控制场上气氛，在瞬间里集中听众注意力，给听众留下深刻印象，从而为接下来的演讲内容顺利地搭梯架桥。

1. 奇论妙语，石破天惊

听众对平庸普通的论调都不屑一顾，置若罔闻；倘若用别人意想不到的见解引出话题，造成“此言一出，举座皆惊”的艺术效果，会立即震撼听众，使他们急不可耐地听下去，这样就能达到吸引听众的目的。

需要注意的是，运用这种方式应掌握分寸，弄不好会变为哗众取宠，故作耸人之语。应结合听众心理、理解层次出奇制胜。再有，不能为了追求怪异而大发谬论、怪论，也不能生硬牵扯，胡乱升华。否则，极易引起听众的反感和厌倦。须知，无论多么新鲜的认识始终是建立在正确的主旨之上的。

2. 自嘲开路，幽默搭桥

自嘲就是“自我开炮”，用在开场白里，目的是用诙谐的语言巧妙地自我介绍，这样会使听众备感亲切，无形中缩短了与听众的距离。

著名学者胡适在一次演讲时这样开头：“我今天不是来向诸君作报告的，我是来‘胡说’的，因为我姓胡。”话音刚落，听众大笑。这个开场白既巧妙地介绍了自己，又体现了演讲者谦逊的修养，而且活跃了场上气氛，沟通了演讲者与听众的心理，一石三鸟，堪称一绝。

3. 即景生题，巧妙过渡

一上台就开始正正经经地演讲，会给人生硬突兀的感觉，让听众难以接受。不妨以眼前人、事、景为话题，引申开来，把听众不知不觉地引入演讲之中。可以谈会场布置、谈当时天气、谈此时心情、谈某个与会者形象等，接着转入正题。

即景生题不是故意绕圈子，不能离题万里、漫无边际地东拉西扯。否则会冲淡主题，也使听众感到倦怠和不耐烦。演讲者必须心中有数，还应注意点染的内容必须与主题互相辉映，浑然一体。

4. 讲述故事，顺水推舟

用形象性的语言讲述一个故事作为开场白会引起听众的莫大兴趣。选择故事要遵循这样几个原则：要短小，不然成了故事会；要有意味，促人深思；要与演讲内容息息相关。

著名演讲家李燕杰在《爱情与美》的演讲中这样开场："我不是研究爱情的，为什么会想到要讲这么一个题目呢？"然后讲了一个故事：北京一家公司的团委书记再三邀请李老师去演讲，并掏出几张纸，上面列着公司所属工厂一批自杀者的名单，其中大多数是因恋爱问题处理不好而走上绝路的。"所以，我觉得很有必要与大家谈谈这方面的问题。"这个故事一下子把听众的注意力集中起来，使他们感到问题的严重性和紧迫性。

5. 制造悬念，激发兴趣

人们都有好奇的天性，一旦有了疑虑，非得探明究竟不可。为了激发起听众的强烈兴趣，可以使用悬念手法。在开场白中制造悬念，往往会收到奇效。

制造悬念不是故弄玄虚，既不能频频使用，也不能悬而不解。在适当的时候应解开悬念，使听众的好奇心得到满足，而且也使前后内容互相照应，结构浑然一体。

功夫在诗外。开场白的"干货"倒逼着那些喜欢说漂亮的空话、严谨的套话、违心的假话的人在平时多下工夫，做到胸中有全局，手中有典型，脑中有数据，在发言时直奔主题亮"干货"。只有在平时备足功课，练好"内功"，才不会在演讲时端"稀货"。

选择结束语，让演讲主题耐人寻味

演讲的成败在很大程度上也取决于演讲的结束语。这是因为，倘若演讲者将演讲开头和高潮设计好，再加上一个出人意料、耐人寻味的结束语，那么，就如同锦上添花，会给观众带来一种精神上的愉悦和满足。反之，如果演讲者设计的结束语没有新意且贫乏无力，没有激起波澜，就会使听众深感遗憾，失望而归。

与演讲的开头和主体部分相比，结束语的要求更高，内容要更有深度，语言要更有力度，方法要更巧妙，效果也要更加耐人寻味。因此，在演讲的结尾一定要努力调动一切积极因素，将听众的情绪推向顶峰，使听众情绪激昂。一个生动有力、耐人寻味的结尾，可以运用6种常见的技巧。

1. 总结全文

演讲结束语最常用的方式，就是用极其精练的语言，总结收拢全篇的主要内容，概括和强化主题思想。这种结尾，扼要地总结演讲内容，能起到提醒、强调的作用，给听众留下完整的总体印象。除非演讲非常简短，否则建议你在结尾中清晰陈述你的主题和主要思想。

运用总结全文结束演讲，不仅能帮助健忘的听众回忆前面所讲的内容，而且也能画龙点睛，有助于加深听众对演讲要点和中心思想的印象。

2. 讲述故事

以故事做结尾效果不俗，因为故事有助于听众记住演讲的内容。故事不像总结那样直接，但是如果你能找到一个与中心思想或主题相关的生动形象的故事，那么效果也会相当不错。听众只要回想起这个故事，就会想起你的演讲内容。

3. 运用引言

在结尾的方式中，也可引用名言、警句。你还可以运用一句与中心思想或主题相称的引言结束演讲。你可以直接引用，或者如果你不想全部引用的话，也可以进行解释。无论如何，一定要让听众清楚引言或者被引用的人与你的演讲内容的关系。

一位竞聘医院院长的年轻护士长在演讲结束时这样说："同志们，现在大家都在看《钢铁是怎样炼成的》这部电视剧，在这里我只想用保尔的那段名言结束我的演讲：人最宝贵的是生命，生命属于我们只有一次，一个人的生命应该这样度过：当他回首往事时，他不因虚度年华而悔恨，也不因碌碌无为而羞耻。这样在他临死的时候就能够说：我已把整个生命和全部精力都献给了最壮丽的事业——为人类解放而斗争。”由于大家都熟悉这段话，所以当她开了头以后，大家都跟着一起朗诵起来。含蓄而深沉，优美而有力。不仅巧妙地表达了自己的心迹，而且有“余音绕梁”之效。

4. 呼应开头

结束演讲的另一个方法就是在结尾处呼应开头。这种从哪里开始再到哪里结束的技巧能使听众有圆满感。此时，你要向听众展示你演讲的主要观点与开场白中的介绍是如何相关的。这种方法使整个演讲显得结构严谨，首尾呼应，通篇浑然一体。

5. 提出问题

如同你在演讲开始时用一个问题来引起听众的好奇心一样，你也可以在结尾处提出问题。通常这种方法用在结束一个试图说服人的演讲，但也可用在有关信息、招待以及鼓励性的演讲。在说服性演讲中，可用于刺激听众采取行动。与之相反的是在另一些演讲中，当你提出问题时，你给了听众值得思考的东西。

6. 发出号召

有的演讲者还在结尾时直接向听众提出希望，发出号召。但这种“号召”大大不同于一般演讲的“号召”，它是以竞聘成功为直接目的的，说白了，也就是号召听众投自己的票。

在某企业竞聘副经理演讲时，一位演讲者在演讲结束时直截了当地向听众说：“同志们，朋友们，请大家助我一臂之力投我一票吧，因为选我就等于选了你自己！”他的这一号召很管用，言语不多，却亲切感人，如同一根魔棒一样触动了听众的心灵，使大家的心和他紧紧拴在了一起，因此取得了很好的效果。

总之，一个好的结束语能够总结全文，给听众留下完整深刻的印象；讲述故事，帮助听众记住演讲的内容；运用引言，深化主题；呼应开头，圆满结束；提出问题，留下思考的空间；发出号召，付诸行动。因此，每位演讲者不仅要熟练掌握好演讲结束语的艺术技巧，还应善于设计，设计出既符合内容要求，又符合演讲时境的新颖、精彩的结束语，这样，才会使自己的演讲取得圆满的成功。

第六章

抑扬得体：总裁表扬与批评的艺术技巧

表扬是抚慰灵魂的阳光，恰当的表扬如春风拂面，令人信心倍增。批评是照耀心灵的镜子，能让人更加认识自己。演讲中运用表扬与批评的艺术，能够起到营造讲学习、讲政治、讲纪律、促团结、促和谐的作用。因此，在演讲中要营造能经得起表扬受得了批评的现场氛围，这样才能不断提升领导者的素质，为企业发展注入新的活力。

在演讲中如何遵循表扬的原则

激励专家艾德里安·高斯蒂克和切斯特·埃尔顿在其《纽约时报》畅销书《胡萝卜原则——比薪酬更有效的激励方法》中介绍说，他们在全球范围内做过一次调查，在“影响员工敬业度的因素”这个问题上，大家都把领导的“赞赏”排在了工资的前面。既然认可和赞赏这么重要，就要去认可或赞赏自己的员工，尤其是在演讲这样的公众场合。

在演讲中表扬他人，应该掌握4项原则。

1. 表扬要具体，用事实说话

这里所讲的事实，可以是下属所取得的工作成绩，也可以是他们为完成任务、克服困难而付出的努力与心血。总之，只有言之有物、形象具体的表扬，才能让被表扬者信服，才能让被表扬者感觉到经理时刻都在关注着自己，对自己的表现经理也会尽收眼底，进而就会产生出一种“士为知己者死”的精神动力。

比如，对某个有才干的下属，与其空洞地说他经验丰富，工作出色，不如说“在某件具体工作上，他的合理建议对解决问题起了很大的作用”更合适。社会心理学家海伦曾用大量实验证明，表扬用语越具体，其有效性才越高。因为，表扬越具体，说明你对下属越了解，这样，对方才能感觉到你的表扬是诚实的，而不是虚情假意的做作。

2. 表扬要真诚，发自内心

人们通常都喜欢真诚，讨厌虚假。因此，只有真诚的东西，才会被人所接受。表扬也不例外，领导只有以真诚的态度去表扬，才能唤起下属的亲切感、温暖感、信任感和友谊感，从而愉快地接受表扬，并在下一阶段的工作中更加积极地去表现自己。因此，在表扬下属时，应该发自内心地感到高兴，满怀热情与真诚地表示赞扬。

只有真诚的、发自内心的表扬，才能让被表扬者受到感染，才能激起他们更大的工作热情与干劲。如果表扬者只是讲些“年轻有为”“前途无量”“干得不错”之类的套话，就很难达到预定的效果。

3. 表扬要适度，标准要适中

领导要把握好表扬的度及标准，应该做到以下几点：

（1）表扬的人数要得当。表扬的频繁程度，可以直接影响表扬效果。实践告诉我们，一次表扬的人数必须掌握在一定数量范围内，过多或过少都不利于鼓励先进，调动积极性。数量过少，容易使受表扬者产生离群感、孤立感，使其他人产生与己无关心理；相反，如果数量过多，也会由此产生“干好干坏一个样”的感觉，这就失去了激励作用。

（2）表扬的标准要得当，不能过高或过低。如果受表扬的标准过高，容易使下属感到高不可攀，望而生畏，从而失去争取表扬的动力；受表扬的标准过低，容易使下属感到唾手可得，易如反掌，同样也会失去调动积极性的作用。确定标准，要由当时当地的具体情况而定。

（3）在特定的时间内，表扬特定下属的次数要得当。事实证明，当领导在特定时间内表扬同一个人的次数越频繁，表扬收到的效果也就越低。对于表扬次数的掌握，领导应该根据下属的具体情况来定，如果下属进步较快，表现出色，对其表扬的频率可以高一些；反之，则应该低一些。

4. 表扬要如实，恰如其分

表扬应该如实，恰如其分，不能任意夸大情节，评价失实，随意拔高。对那些确实值得表扬的下属应该给予恰如其分地表扬，只有这样，才能起到鼓励下属前进的作用。

如果领导者表扬时随意把事实夸大，把七分成绩说成十分，把下属的简单想法拔高到完美化的境界，评价失实，也只会产生消极作用：会使被表扬者产生盲目性自满情绪，误以为自己真有夸大的那么好，从而坠入孤芳自赏、不思进取的泥潭；会造成其他下属的逆反心理；容易助长人们

“不务实，图虚名”的不良风气。因此，对下属的表扬务必做到恰如其分，不可随意夸大。

为别人喝彩是一种美德，期望得到别人的喝彩是人的一种本能。因此，优秀的企业领导者也应该尽可能地去承认表现好的下属，并给予每一个员工真诚的表扬、赞美。

演讲过程中表扬别人的技巧

“说话”是一门“艺术”，让听者欣然接受说话者的意思，“表扬”的技巧就必不可少。我们中国人不习惯表扬别人，把对别人的表扬埋在心底，总是通过批评别人来“帮助别人成长”，其实这个想法是错误的，表扬比批评带给别人的进步要大。如果把“表扬”运用到企业管理中，就是人们常说的“零成本激励”。

那么，在演讲过程中表扬别人有哪些技巧呢？

1. 因人而异

人的素质有高低之分，年龄有长幼之别，因人而异，突出个性，有特点的赞美比一般化的赞美能收到更好的效果。老年人总希望别人不忘记他“想当年”的业绩与雄风，同其交谈时，可多称赞他引为自豪的过去；对年轻人，不妨语气稍为夸张地赞扬他的创造才能和开拓精神，并举出几点实例证明他的确能够前程似锦；对于经商的人，可称赞他头脑灵活，生财有道；对于有地位的干部，可称赞他为国为民、廉洁清正；对于知识分子，可称赞他知识渊博、宁静淡泊……当然这一切要依据事实，切不可虚夸。

2. 讲究场合

通常情况下，领导者当着下属的面表扬并非是最好的方法，有时还会让下属怀疑领导者表扬的动机和目的。如领导者在下属面前表扬另一个下属，就会让被表扬者有一种想法：是不是自己做错了什么，他在安慰我，在为我打气？而如果增加了表扬的隐蔽性，让不相干的“第三方”将领导者的表扬传递到下属那里，就可能会收到更好的效果。

一个有效的办法是，领导者可以在演讲过程中不经意地表扬自己的下属。当下属听到这种方式的表扬，会感到更加真诚和可信，进而更加激发出自己的工作热情。由此可见，在演讲中表扬员工是一个不错的选择。现实生活中的很多英雄模范事迹报告团就是在公众场合表扬、赞美的极致形式。

3. 合乎时宜

赞美的效果在于相机行事、适可而止，真正做到“美酒饮到微醉后，好花看到半开时”。当别人计划做一件有意义的事时，开头的赞扬能激励他下决心做出成绩，中间的赞扬有益于对方再接再厉，结尾的赞扬则可以肯定成绩，指出进一步的努力方向，从而达到“赞扬一个，激励一批”的效果。

4. 雪中送炭

俗话说：“患难见真情。”最需要赞美的不是那些早已功成名就的人，而是那些因被埋没而产生自卑感或身处逆境的人。他们平时很难听一声赞美的话语，一旦被人当众真诚地赞美，便有可能振作精神，大展宏图。因此，最有实效的赞美不是“锦上添花”，而是“雪中送炭”。

演讲中表扬别人时的注意事项

大多数人都渴望得到上级领导的表扬，企业总裁作为企业的最高“长官”，由于其所处的特殊位置，话语往往具有一定影响力。总裁对下属恰如其分地表扬，是对下属工作的认可和激励，是对下属价值的肯定，能提高下属工作的积极性；如果表扬不当，就会产生较强的负面效应。因此，在演讲中表扬下属时要遵守以下注意事项。

1. 切忌夸大其词

如果经常针对后进下属身上的某些长处，给予适时地表扬，或者针对落后下属身上有了某一点的进步，及时地给予表扬，就会使落后下属感到一种温暖，一种鼓励，心理和生理上就会产生良好的变化，就会不断地进步，这样，落后的下属终将变为先进下属。同理，先进的下属也要不断地给予表扬和鼓励。

问题的关键在于，表扬在运用时必须把握分寸，如果不讲方式场合或者为了达到目的，而夸大其词地进行表扬，那么这种表扬有时不仅起不到正面激励，还会起到相反的作用，变成弄巧成拙，进而产生不良的后果。所以夸大其词的表扬是要不得的。

2. 对事不对人

是不是要公开表扬，这要分情况分场合，不能一概而论。有时你表扬了一个人，却打击了一大片，这种情况下，当事人也不会觉得受到表扬是一件多么光彩的事，表扬反而起到了消极的影响。

公开表扬应多注重团体的价值和行为，以提升团体的能力和合作精神，团队而不是个人始终应该是我们关注的焦点和方向。所以，公开表扬要讲究技巧，对事不对人，以表扬事来表扬人，以表扬团队来表扬个人。

3. 避免唐突

并不是说公开表扬就一定要对事不对人，实际上，如果一个人的贡献和业绩非常突出，公开表扬也是必需的，旨在树立一个典型，倡导一种精神，宣扬一种价值。

这种情况下，最好先私下单独与对方谈一次，甚至可以提前做一些“铺垫”，在一定的范围内达成共识，避免唐突，然后再进行公开表扬。这会让对方感觉老板是真心信任自己，增加表扬的“隆重”感与“惊喜”感，让表扬更加出彩。

4. 切忌主观

表扬的最高境界就是随心所欲，下属的心在哪里，你的表扬就应该飞向哪里。不是凭主观愿望去表扬他人，想怎样就怎样，而是要用你的心去追随下属的心，让表扬随着下属的“心”飞扬，让下属的心为你动起来。

好的表扬一定能够说到对方心里去，知道对方心里想什么，需要什么。比如，当下属是一个积极上进的人时，可以把他带到老板面前“夸夸他”，这样会更加激励他的上进心；当你的下属远离家乡，或者很少回家的时候，就向他的父母或家人“说说他”，这样更容易打动对方，安心工作。

在这里值得一提的是，演讲中不要自我炫耀，自我吹嘘，生怕别人不了解自己。也不要故意卖关子，故弄玄虚，故作惊人之语，给人以哗众取宠之感。这些做法都是最容易被观众轰下台的拙劣方法。

总之，不要把表扬简单化，也不要把表扬复杂化，但一定要更加人性化，还要符合组织的价值和道德的追求。

在演讲中如何遵循批评的原则

在企业经营管理实践中，批评作为负激励有着不可替代的作用，发现下属犯了错误或工作未达到目标，就必须给以指正和批评。作为一名企业领导者，一定要把握住火候、方式和分寸，其原则如下。

1. 动机纯正

批评是说服人的一种方式，目的是帮助人改正错误，更好地工作。因此，批评不是为了整人，也不是为了把对方压垮。在演讲中的批评必须遵循“团结—批评—团结”和“惩前毖后，治病救人”的原则，如果在这种公众场合带有个人成见，恶语相加，造成被批评者众人侧目的局面，即使批评的内容正确，也会事与愿违。同时，批评不能厚此薄彼，而要一视同仁、公平合理、公道正派、实事求是，真正做到批评面前人人平等。

2. 有的放矢

批评是十分严肃的问题，一定要抓住错误的实质，有针对性地进行批评，不能凭臆断和想当然，更不能听信谗言、捕风捉影、道听途说、无中生有。那些不疼不痒、含糊其词、点不到痛处、莫名其妙的批评是不会让人心服口服的。

因此，在实施批评之前，一定要做深入细致地调查研究，找出问题的症结，并对产生问题的原因做出具体的分析，找出问题的主观因素及客观因素，然后再进行批评，尤其需要当众说明之所以如此的原因。这样才能保证批评的公正性，做到有的放矢，收到应有的效果。

3. 掌握时机

批评的场合非常重要，一般不应该当众批评，否则会增加被批评者的心理负担，降低了他们在同事面前的威信，增加了他们以后开展工作的难度。当然，有些批评必须在公众场合下进行才能收到好的效果，背后批评或私下批评效果反而不好。在公众场合进行批评，也应当事先做好被批评者的工作，或事后做好适当的解释。

一般来说，对于工作中出现的共性问题或习惯性错误，要及时对下属提出批评，这样可以避免问题复杂化，同时也便于下属总结和改正。另外，要注意时间差的问题，能及时提出来的就要及时提出来，不宜立即提出来的，可先放在一旁，往后拖一拖，等到开民主生活会的时候，或者班子考察、年度总结的时候，再提出建议和忠告，这样做的目的是让下属更能接受。

4. 区分对象

对下属的缺点和错误给予批评指正是完全必要的，但批评时一定要区别对待，针对下属的不同性格，采用不同的批评方式。只有这样，才能增强批评的效果。

对于脾气暴躁、性格内向、爱钻牛角尖、爱发牢骚的下属，宜采用商讨式的批评；对于性格开朗、知错就改、谦逊豁达的下属，应该采用一针见血的直接式批评；对于固执己见、自尊心、虚荣心、依赖心理、试探心理都比较强的下属，宜采取循序渐进的梯次式批评；对于好胜、头脑灵活、反应敏捷、接受能力快的下属，宜采用提示性的批评；对于下属所犯错误与管理者布置工作要求过高、脱离实际、指导不及时有关的，宜采用自我批评，在自我批评的同时，达到教育下属的目的。

除此之外，批评的方式还有许多，比如，先扬后抑的褒贬兼容式批评，参照性的对比衬托式批评，“冷处理”式批评。这些都是被实践证明了的行之有效的批评方式。领导者要结合实际，区分不同对象，灵活地运用这些方式，切不可在讲台上机械地照抄照搬。

5. 把握分寸

对于下属的批评不仅有质的规定性，而且还有量的规定性，是质和量的统一。一旦批评超过了某种限度，也就是说走出了某个“临界点”，那么批评就会起到相反的效果。

批评要讲究分寸，要有“温度”，要拉近与下属的距离。“良言一句三冬暖，恶语伤人六月寒。”真正富有感染力、穿透力的语言，不是伤害下属心灵的“刑具”，也不是为了让他们尴尬和无地自容，而是要更好地借助语言表达的感情力量，使批评成为一种激励因素，顺利地进入下属的心灵之中，使他们自觉自愿地接受，从而达到改正错误、克服缺点的目的。

演讲过程中批评艺术的运用

批评是一种很难掌握分寸的艺术，批评不恰当会引发彼此的不信任，对工作的顺利开展有百害而无一利。反之，批评恰当得体，却会使犯错误的下属吸取教训，也使下属引以为鉴，在今后的工作中避免失误，提高工作效率和质量。

批评的艺术性在于是否需要批评，怎样批评、批评的作用如何。这里我们提出批评的 4 个技巧。

1. 批评前先要六思

在企业管理实践中，有些时候对下属的批评需要公开，但这是需要慎之又慎的举动。尤其是在演讲这种公众场合中批评下属，演讲者应该事先考虑清楚各种可能出现的负面影响。在批评之前，演讲者至少先要自问以下 6 个问题：

（1）下属会接受这个批评吗？

（2）自己是否能耐心地等待他从打击中恢复过来？

（3）在此之前批评他有多少次了？

（4）提出批评以后，他会有什么反应？

（5）是不是因为某种原因才让自己当众提出这个批评？

（6）是否知道下属需要的恰是来自另外一个方面或另一种方式的批评？

在上述6个问题获得正面答案后，才能在公众场合实施批评。切不可不假思索地贸然行事，否则势必事与愿违，失去批评的真正意义。

2. 批评要有目的性

批评的目的在于促使下属认识和改正错误，使之发生转变。管理者只有解决了目的问题，才能从爱护下属，提高下属的愿望出发，产生如火的热情，诚挚的精神；才会有诲人的诚意，容人的雅量，帮人的耐心。

3. 批评要有说理性

正确而有效的批评，是讲道理，摆事实，动之以情，晓之以理，将心比心，换位思考，尊重下属的长处，理解下属的难处，关心下属的苦处，将大产量和小道理结合起来，通过耐心说明教育和民主讨论，疏通引导，实事求是地指出下属认识上的短处，方法上的错处，工作上的差处，使其能够心悦诚服。不论怎样批评，最好能运用一种下属易于接受的方法指出他们的行为如何错误以及应该采取何种行为，以取得下属的理解，让他心服口服。

4. 批评必须有时效性

时效性是指批评不应拖延，时过境迁再翻旧账，易给人“秋后算账”的感觉，批评要尽快进行，不要以为今天忙于演讲而过几天想起来再批评。

演讲中批评别人时的注意事项

在工作中，当下属犯错误时，有些领导者或态度强硬，大声呵斥，或冷嘲热讽、揶揄挖苦，或漠然视之、不闻不问，这样做往往会搞得双方不欢而散，即使有时下属当面接受了，暗地里对管理者却可能怀恨在心，做起工作来各行其是。

为了不伤害下属的自尊心，给以后的工作带来积极的影响，演讲中批评下属时要遵守以下注意事项。

1. 不要带着怒气

批评下属时，作为领导者，如果总是以“老大自居”，老是板着面孔、瞪着眼睛、有居高临下之势，难免会给犯了错误的下属造成巨大的心理压力。因此，作为一个明智的领导者，在批评下属时，不是万不得已，架子一定要一放再放，语气一定要一低再低，同时尽量多用关心、和蔼的口气说服教育，不用或少用严厉的斥责甚至处罚等。因为，人非圣贤，做错事、有失误是难免的。下属当中，做错了事都是想得到领导的指正、争取进步的。但是，又有谁希望领导对自己的批评是带着一种发泄、指责、抱怨的态度呢？

2. 不要拐弯抹角

许多领导者因为担心被下属视为尖酸刻薄的人，因而在批评时总会再三斟酌用词，希望让批评的话语比较不具杀伤力。因此，原先要直接批评下属“偷懒”的话，就会变成“为改善工作而须施以广泛之督导”。但是如此一来，反而让原先的意思变得含糊笼统，甚至容易引起下属的反感。为了避免批评失真，或是模糊不清，应就实际情况，对事不对人地表达自己的看法，并且提出具体而正确的做法，进而让下属了解自己的错误，以及应如何改善工作问题。

3. 不用戏谑言辞

对于接受批评的下属来说，虽然自尊心多少都会感到受伤，但是，当领导以严肃的态度做出批评时，反而较容易为下属所接受。因为这种态度将被下属视为是对他尊重的表示。假使领导者是以戏谑的口吻进行批评，不论动机是否友善，都会让下属认为那是一种讽刺，从而引发下属的不满。

4. 不要重复批评

领导者每次只应批评一件事，而不要将几件事串联在一起批评。因为多重性批评会使下属分不清事情的轻重缓急，也会让下属感到无所适从。

5. 不可过分批评

领导者对下属错误言行的批评，必须恰如其分地指出，也就是要就事论事，不能夸大其词，更不能否定一切，更不能说“无可救药”等过分负面的话。俗话说：“恶语伤人恨难消。”一旦伤害了下属的自尊心，就可能产生难以化解的对抗情绪，如此一来，批评也就难以取得成效了。

6. 不可吹毛求疵

每个人都有或多或少的毛病和缺点，金无足赤，人无完人。作为领导者，应对下属在工作当中出现的重要的和比较重要的问题提出批评，使下属能及时认识到，并加以改进，不可犯吹毛求疵的毛病，对下属出现的一些小问题也横加挑剔。这样既显得自己工作无重点，又让下属对自己产生反感的抵触情绪。

第七章

化解尴尬：总裁公众演讲时的应变能力

演讲是对人的口才、知识、表达能力和应变能力的综合检验。如今，企业总裁的发言、谈话、演讲的机会都比较多，职务和责任均要求总裁的知识面宽一些，口才好一些，应变能力强一些。演讲则是训练口才能力、展示自身形象以及化解尴尬的好时刻。若能够随机应变，定能收到出奇制胜的效果。

防患于未然，提前做好演讲应急预案

演讲前的准备工作包括方方面面，诸如厘清演讲的目的、分析听众、收集足够多的资料、控制演讲时间，以及衣着、讲台、演讲具等。在前期准备工作中，做好演讲应急预案的工作必不可少。

预案，是指根据评估分析或经验，对潜在的或可能发生的突发事件的类别和影响程度而事先制订的应急处置方案。演讲应急预案是应对演讲过程中可能出现的紧急情况而制订的应急措施实施方案，是保证演讲顺利进行、达到演讲预期效果的重要一环。

在演讲过程之前制定演讲应急预案，可以使演讲防患于未然。一般包括两部分，一是对演讲过程中可能出现的紧急情况的预测和评估；二是针对紧急情况应该采取的措施，实现控场。

1. 预测和评估

公众演讲现场一般人都比较多，可能会出现各种各样的情况，比如，还没结束，观众陆续离场了；台下有人喧哗，吹口哨；吃饭时间到了，观众坐不住了；有人提出刁钻的问题难为演讲者；收到听众的条子；等等。主观方面的原因也可能出现意外情况，比如，由于怯场而造成情绪紧张；演讲过程中突然忘词或思路不连接而造成演讲突然中断；上台演讲时不小心跌倒了，或听众发笑时才发现自己衣服扣子扣错了，或拉链没拉好，或帽子戴歪了；等等。

对于演讲现场这些可能出现的情况，事先要做到充分地预测和评估，分析造成混乱的不同原因，遇乱不惊，采取不同的应变措施。

2. 应急措施

只有有效地控制演讲现场，才能让你的演讲成功。其常用的方法如下表所示。

控制演讲现场的方法

方　法	实施细则
目光控制	眼睛是心灵的窗口，有时候你自我感觉讲得很好，很完美，但是你的眼神已经出卖了你。为什么呢？答案很简单：眼光不够坚定，不够自信。每次演讲面临的场合、对象都不一样，也许这场演讲的听众水平是不如你的人，你发挥得很好；也许台下是比你更优秀的人，你便失去自信，大失水准，目光不敢与听众接触了
声音控制	声音是传达演讲者情绪的工具，如果你的声音颤抖说明你或者紧张，或者激动，或者悲恸，或者愤怒，当然因颤抖程度的不同而不同。声音控制主要是高低音和停顿两方面
动作控制	在一个陌生的演讲场合，听众对演讲者十分陌生，听众在听演讲的时候就会对演讲的内容产生怀疑，这样会使听众私下议论，使会场的环境变得混乱无序。这时候需要演讲者尽快地证明自己所讲内容的真实性、可信性。要解决这一问题就要拿出最好的证据，让你讲的内容变得真实可靠。如果你要说杂交生长的茄子是正方体的形状，听众在台下将信将疑的议论，这时候就要拿一个杂交生长的茄子，来控制场上的听众，证明给他们看，让事实来说话，保持场上的稳定，让演讲有序进行
内容控制	内容是一场演讲的核心，在演讲当中会使用各种的例子和数据，当然要根据听众不同，内容也要有所不同
对话控场	如果演讲气氛有些低落，听众注意力分散，甚至开小差、打瞌睡，我们就可以对话一下，通过对话来调动气氛，控制场面

演讲出现失误，学会自己“打圆场”

现实生活中，忘词、说错话是人们在说话时常常出现的情况。在演讲中，总裁也难免出现忘词、说错话、准备的演讲稿不适用等自身出现失误，这时要做到审时度势，学会自己“打圆场”，化解为难，维护演讲的正常进行。

1. 演讲忘词时的应对技巧

有时会发生突然忘词的意外之变，这种意外之变如果应对不当，会令演讲者出尽洋相。遇到这种意外之变，演讲者除了稳定住自己的情绪外，最重要的是采用一些巧妙方法，使演讲继续下去。

（1）思索回忆。创造思索回忆的机会，从而想起遗忘的内容。具体方式有两个，一是把刚才说过的话用加重语气放慢语速的方式再重复一遍，用这种方法唤起演讲者的记忆；二是把刚才说过的话用疑问句的形式再说一遍，巧借疑问后的停顿间隙，回想起要讲的内容。

（2）跳跃衔接。演讲者从哪里记起就从哪里接着讲，这种方法也叫跳跃衔接法。通常情况下，演讲者忘词并不是后面的全部内容都忘记了，而是忘记了其中的某一句或某几句或某一段话。如果是这种情况，演讲者就可以随方就圆巧妙地跳过遗忘的内容，哪里没忘就从哪里接着讲。倘若跳过的内容到后来又想起来了，演讲者应根据这些内容的性质而采取不同的措施：假如这些内容对于演讲的整体影响不大就不必再管它；假如这些内容对于演讲的整体影响很大，是非讲不可的，就应在结尾之前巧妙地追加一笔，补充完善。可以用这样的语言方式来追加：“在此，我再强调一点……”，或者“最后尤其应该注意……”

（3）与听众互动。如果讲了两点，第三点忘了，就可以与听众互动：“你们觉得第三点应该是什么？你们觉得下一个应该是什么？”也许，听众讲完了，你也想起来了。

2. 演讲说错话时的应对技巧

有过演讲实践的朋友大都有这样一种体会，在临场演讲时常常会鬼使神差地让你口心不一，说错话的情况时有发生。如若演讲者停止演讲，立刻说“哎呀，对不起我说错了应该是这样……”不仅会使听众非常败兴，而且也会使演讲者的思绪紊乱，从而不利于整个演讲的顺利进行。

（1）自圆其说。当说错话时，到底该采取什么样的应对方法呢？一般而言，如果演讲者说错的话（字）对演讲的内容或主旨影响不大甚至无关紧要，演讲者完全可以不予理睬；如果演讲者说错的话（字）严重影响了演讲内容或主旨，甚至已经使意义大相径庭，演讲者就应采用巧妙的方法认真对待，按照正确的说法，把刚才说错的话再讲一遍。不过要加重语气，减缓语速，紧随刚才的错话之后再增添一句设问句，以自问答。

比如有一位总裁在讲“我最尊敬的一个人”时，本来他想讲他的父亲“身残志坚”，可是由于心理过度紧张，却说成了“身残志不坚”。话一出口，演讲者立刻意识到说错了，于是他补充道：“我的父亲真的是身残志不坚吗？不！他像众多的残疾朋友一样，闯出了一条属于他自己的身残志坚的成功之路！”

（2）巧用停顿。停顿技巧可以使语义产生逆转，也就是在说错话之后稍加停顿，然后再增添一个疑问句，从而使语义恢复正常。比如一位总裁在开业庆典上发表了一段即兴演讲，在强调纪律的重要性时他这样讲道：“上班迟到早退，闲聊，乱逛，办事推诿拖沓、消极懈怠，都是违反纪律的行为，我们允许这些违反纪律的现象存在。”讲到这儿，该总裁立刻意识到话讲错了，于是他略微停顿片刻，话锋一转说，“就等于允许有人拆公司的台！我们能够这样做吗？”这样非常巧妙地把错话改正了过来。

3. 准备的讲稿不适用怎么办

在演讲中，演讲者常常会碰到这样的情形：一是听众提出了一些新的问题，超出了演讲者演讲的范围；二是准备的讲稿内容与前面演讲者的演讲内容有许多重复之处；三是从前面演讲者的演讲中获得了新的启示，有了新的看法和感想；四是会场情况发生了重大变化，准备的讲稿完全不适用。碰到上述 4 种情形，演讲者应灵活应变，及时调整自己的演讲内容。

对第一种情形，即听众提出的问题，演讲者可以从 3 个方面考虑和处理。

（1）要好好考虑听众提出的问题我能否回答。如果能够回答当然最好，但如果缺乏准备不能回答，你千万不能采取不理不睬的态度，而应该这样对听众说：“这是一个很有趣而且很重要的问题，我没仔细研究过，但我很乐意会后与大家一起讨论研究这个问题。”

（2）要进一步考虑，听众提出的问题我有没有马上回答的必要，在什么时候回答合适，又有没有必要向众人回答，还是单独回答为好。如果有必要马上回答，就马上回答，趁热打铁；如果问题是自己准备要讲的，但还没讲到，你可以这样回答听众：“这个问题一会儿就讲到，先暂且不作回答。”如果问题没有必要向众人回答，那你不妨说：“会后我会答复你。”

（3）要考虑听众提出的问题是否与自己的讲题有关，回答这个问题会不会影响演讲中心的集中。如果回答会把问题扯远，分散演讲的中心，那就要避免会上回答。但你务必要这样对听众说：“你提的问题我会后一定答复你。”这样才不会使提问者扫兴。

对第二种情形，即内容重复的问题，演讲者可以做这样的处理：

（1）对相同的看法、论述略去不说，只说与众不同的那一点。比如你可以这样说：“刚才大家对某某问题都讲得很详细深入了，这里我只想作一点补充……”或者说“这里我只想就某个问题谈谈我的看法”等。

（2）对相同的事例略去详细描述，只作总结性、过渡性的评议。比如，你可以这样说：“刚才不少人都详细讲述了×××的事迹。的确，他的事迹是感人的，他的精神是值得我们学习的……”当然，如果能举出新的事例是最好不过了。

对最后两种情形，演讲者需要放弃原讲稿。重新组织演讲内容有两种处理方法：一是时间充足的话可重新写出讲稿。二是时间仓促的话，可列出提纲，作即席演讲。这里不妨举个最为突出的例子。

1955年，周恩来总理代表中国政府出席举世瞩目的万隆会议。会议开幕后不久便出现了分歧。一些国家的代表因偏见或不明真相，攻击中国在边境省份设自治区是对邻国的颠覆，并提出华侨双重国籍等问题。这时，人们把目光转向周恩来，有的同情，有的焦虑，有的幸灾乐祸。面对这突发情况，周恩来推后了发言时间，将原讲稿印成书面材料发给与会代表，然后重新赶写讲稿。在听完大多数国家代表发言后，周总理才从容走上讲台，针对新的情况作了如下演讲。

“首先，不同的思想和社会制度不妨碍我们求同和团结，亚非会议既然不排斥任何人，为什么我们自己反倒不能互相了解？其次，中国共产党是无神论者，但我们尊重有宗教信仰的人，也希望有宗教信仰的人尊重无宗教信仰的人。最后，华侨双重国籍问题是旧中国遗留下来的，新中国准备与有关各国政府解决华侨的双重国籍问题。中国境内有傣族存在，就须给他们自治权利，就像缅甸有掸族自治邦一样，怎能说是威胁了邻邦呢？为了不使会议有争议，中国决定不在会议上提出解放自己的领土台湾和沿海岛屿，以及中国在联合国席位问题，尽管中国的要求完全是正义的。”

他的话音刚落，全场便爆发出长时间的掌声。印度总理、缅甸总理等人纷纷离开座位，过去与周恩来握手；一些起初对中国不友好的代表也称赞周恩来的演讲是出色的、和解的。的确，周恩来的演讲是出色的，他的演讲不仅解开了亚非国家之间的隔阂，而且还赢得了亚非朋友对中国的信任，促进了会议的成功。

从这个例子，我们不仅可以看到，演讲作为“武器”，其力量是何等巨大。同时也可以看到，根据新的情况灵活调整演讲内容是多么重要。如果周总理不善于应变，照搬原讲稿发言，就不会有演讲的成功。这种灵活应变的方法与技巧是每个演讲者必须掌握的。

总之，在演讲中如果不幸与意外之变邂逅，不要慌张，更不能气馁，只要镇定自若，沉着应对，就一定会化险为夷，马到成功。

运用幽默的力量，化解尴尬情境

演讲过程中，有时会发生一些意外事件，令演讲者尴尬或者造成现场秩序混乱等。其实这却是幽默的用武之地。因为幽默的语言不仅能把你从怨恨心理、危急关头或一触即发的愤怒中解救出来，而且它还能让你以一种轻松自如的方式来表达想法，避免弄僵人际关系。

里根就任美国总统后，到加拿大访问。里根的演讲不断被反美示威的群众打断，加拿大总理特路多显得很不自在，里根却笑着对他说："这种事在美国常有发生，我想这些人一定是特意从美国赶到贵国的，他们想让我有一种宾至如归的感觉。"这一席幽默的话，使特路多顿时眉笑眼开了，同时也使里根顺利地摆脱了尴尬的处境。

在演讲过程中，不要插入不相干的幽默。幽默要和当时的话题有关，使它成为你的信息的一部分，使它成为化解尴尬情境的力量。

1. 自我介绍的幽默

面对第一次见面的听众时，演讲者在演讲前进行一番自我介绍是必要的。而幽默地介绍自己，一开始就利用自己的幽默感，打破沉闷、尴尬的局面，这样能迅速地吸引听众，集中听众的注意力，为演讲的顺利进行做好铺垫。

2. 即兴演讲的幽默

"即兴"是不假思索或随兴而起的说话或举动，事实上许多即兴之言都是经过计划和准备的结果。幽默力量其实并不像表面上看来那样全凭一时偶发的灵感。要在即兴演讲中表现幽默，你最好事先收集一些"即席"的笑话或趣闻、妙语，在演讲中灵活运用，可以使你的演讲更为生动、有特色、合时宜。

3. 控制听众的幽默

当你以幽默力量来帮助演讲的开头，你就吸引了听众的注意，活跃气氛，松弛紧张，并建立你与听众的友好关系，当你渐渐进入了演讲的主题时，还需要继续你先前的努力。因为人的注意广度很短暂，尤其当演讲人以单调低沉的语调，在某一个主题上平淡而谈时，听众更易感到乏味，而分散注意力。这时就须再次抓住听众的注意，改变一下话题，或者改变讲话的方式，以一则笑话或一句妙语给予听众幽默力量。

4. 演讲艺术的幽默

以热切的语调、真实的细节和充满戏剧性的情节引出你的幽默力量，在关键的那句话说出之前，不妨制造一些悬疑。演讲人不能迫不及待地要把妙语趣事说出来，因为笑话要发挥趣味的效果，一定要让听众有出乎意料的感觉。因此，要好好讲你的笑话、妙语或警句，不要操之过急，过早泄露天机。

不论你是专业的演说家，还是只偶尔演讲，都可以努力去创造、发展并运用你的幽默力量化解尴尬。多方面寻求策略来帮助幽默力量的成长，你的演讲当获得成功。

面对恶意挑衅者，必要时给予回击

演讲时，听众对演讲者大都是尊敬和友善的，有时提出一些质疑也是出于善意。对此，演讲者要持欢迎的态度，并要认真地给予解答。但也不可避免会有一些别有用心的人故意挑衅，提出一些带歧视、轻视、敌视性的问题来刁难演讲者。对恶意挑衅者，演讲者应毫不客气地给予回击。

1. 避实就虚

周恩来总理在一次记者招待会上，被一位西方记者问道："请问，中国人民银行有多少资金?"周恩来听出他是在讥笑我国贫穷，对此，周总理没有作正面回答，而是巧于迂回，避实就虚地说："中国人民银行货币资金嘛，有18元8角8分。"接着，周总理作了这样的解释，"中国人民银行发行面额为10元、5元、2元、1元、5角、2角、1角、5分、2分、1分的十种主辅币人民币，合计为18元8角8分。中国人民银行是由全国人民当家做主的金融机构，有全国人民做后盾，信用卓著，实力雄厚，它所发行的货币，是世界上最有信誉的一种货币，在国际上享有盛誉。"周总理的一席话可谓语惊四座，人们对他的机敏应变才能佩服得五体投地。

2. 针锋相对

当达尔文的进化论学说传播开来时，英国教会曾召开过一次辩论演讲会。会上，一位大主教突然对著名的生物学家赫胥黎进行人身攻击：“赫胥黎教授就坐在我旁边，他是想等我一坐下来就把我撕成碎片的。因为照他的信仰，他本来是猴子变的嘛！不过，我倒要问问，这个猴子子孙的资格，到底是从祖父那里得来的呢，还是从祖母那里得来的呢？”赫胥黎针锋相对地回答：“我断言——我重复断言：要说我是起源于弯着腰走路和智力不发达的可怜的动物，我并不觉得羞耻；相反，要说我起源于那些自称很有才华，社会地位很高，却胡乱干涉自己所茫然无知的事物，任意抹杀真理的人，那才真正可耻。”雄辩的哲理使大主教瞪着大眼，无言以对。

3. 顺水推舟

中国当代著名女作家谌容有一次应邀到美国一所大学演讲，她刚登上讲台，有人给她提了一个难堪的问题：“听说您至今还不是中国共产党党员，请问您对中国共产党的私人感情如何？”谌容顺水推舟地答道：“你的情报很准确，我确实还不是中国共产党党员。但是，我的丈夫是个老共产党员，而我同他共同生活了几十年，尚无离婚的迹象，可见，我同中国共产党的感情有多深。”谌容巧妙得体的回答博得了台下听众的称赞。

4. 反唇相讥

在一次宴会上，英国现代杰出的现实主义戏剧作家、长相消瘦的萧伯纳正准备致辞，一个脑满肠肥的资本家讥笑说道：“啊，萧伯纳先生，一见到您，我就知道世界上正在闹饥荒。”萧伯纳微微一笑，反唇相讥道：“嗯，先生，我见到您，就知道了世界上正在闹饥荒的原因。”

德国大诗人海涅因为是犹太人而常常遇到无理攻击。在一次演讲中，有一个旅行家突然对他说："我发现了一个小岛，这个岛上竟然没有犹太人和驴子。"海涅白了他一眼，反唇相讥地说："看来，只有你我一起去那个岛上，才会弥补这个缺陷。"

5. 反戈一击

有位演讲家在演讲结束时，台下有一学生突然连珠炮式地向他发问，在回答了学生的问题后，演讲家也来个出其不意，反戈一击："我方才讲的冷缩热胀的道理你懂了吗?"学生说："懂了，先生。冬天白天短，是冷缩；夏天白天长，是热胀。"这时，台下出现了哄堂大笑的场面，这位发问的学生才知道说错和失败的是自己，不禁羞红了脸。

应变与控场，提高"处突"能力

应变与控场是演讲者在演讲过程中，根据现场情况的变化，对演讲内容、方法、时间灵活做出调整，对意外情况及时做出应对及处理，对听众的情绪及注意力进行有效控制的一种"处突"能力。这种能力对总裁是非常重要的。

在演讲中，听众注意力不集中，如聊天的、看报纸杂志的、打瞌睡的、喧闹的、望着窗外出神的、看外面热闹的，总之无所不有。此外，意料不到的事情也会时常发生，如现场设备突然坏掉等。碰到这类意外之变，总裁应该具有应变与控场能力。

1. 听众疲倦或出现不耐烦情绪时怎么办

演讲时间过长，听众疲倦或出现不耐烦情绪时，总裁不妨精简演讲内容，尽量缩短演讲时间。

艾森豪威尔任哥伦比亚大学校长时，常常出席宴会并发表演说。

在一次宴会上，他排在最后一个发言。由于前面的人演讲都是长篇大论，轮到他发言时，时间已经不早了，听众早就迫不及待地等着就餐了。艾森豪威尔急听众所急，他放弃了原来准备的讲稿，对听众说了以下两句话：“每一篇演讲不管它写成书面的还是其他形式，都应该有标点符号。今天晚上，我就是标点符号中的句号。”说完，他就回到座位上了。当听众明白他已经演讲完时，对他简短的演讲报以了热烈的掌声。

艾森豪威尔的这种灵活的应变对策是值得我们仿效的。

2. 听众困倦或烦躁时怎么办

因外部环境引起听众困倦或烦躁时，总裁不妨让听众休息片刻，做些活动。

大家知道，人在春天，最容易困倦和瞌睡。曾经有位演讲者遇到过这种情景，他是这样处理的：在当时，他正在台上侃侃而谈，只见一缕初春的阳光从会场后侧的玻璃窗照射进来，照在少数人的背部上。这些人的背脊立刻觉得一阵暖和，就不知不觉地沉沉入睡了。最后，这种气氛还传染到前面的人。看到这一情景，演讲者暂停了演讲，对听众说：“请诸位抬起头看看天花板。”

大家以为天花板上真有什么看的，个个都抬起头来看着天花板。

“现在再看一看左边。”大家果然又向左边张望。

“那么诸位不妨看一看右边……好了，这就是头部运动。疲倦的时候，不妨做头部运动。如仍觉疲倦，亦可以做体操活动。现在，请诸位举起手来。”大家便跟着他举起了手。

这一方法果然奏效，听众做了上述活动之后，不再困倦了，又开始专心听他演讲了。

除了上述方法，要消除听众的困倦和烦躁，应该打开窗门透气，有条件的话，开开风扇或空调，都是必要的措施。不过，总裁自身的精神状态是最关键的。因为困倦可以传染人，精神抖擞也可以传染人。因此，要使听众进入良好的精神状态，总裁自己首先要保持良好的精神状态，这是至关重要的。

3. 听众席中发出怪异的声音打断了演讲时怎么办

当听众席中发出怪异的声音打断了演讲时，总裁不妨用幽默予以批评与制止。

在演讲中，有时候会碰到这种情形：总裁正讲得兴致勃勃，听众也正听得津津有味时，突然有人学鸡叫、学狗叫、吹口哨等，引得听众哈哈大笑，打断了总裁的演讲思路，分散了听众的注意力。对此，总裁必须予以批评与制止。由于发出怪声者多是调皮捣蛋之人，如果严厉批评，他可能会跟你对着干，多叫几声给你听，结果更糟。不妨用幽默去批评，用笑声挫败他的锐气和顽气，效果会更好。

英国文学家查尔斯·兰姆有一次正做演讲，忽然有人故意发出“嘘嘘”的怪声捣乱。兰姆说：“据我所知，只有三种东西会发出嘘嘘声——蛇、鹫鸟和傻子。你们几位能到台前来，让我认识一下吗?”他的批评幽默而礼貌，几个捣乱分子乖乖地低下头来，不敢再作声了。

4. 遇到意外情况怎么办

在演讲中，有时也会遇到一些意外的情况发生，这些意外不是总裁自身失误造成的，也不是听众故意捣乱所为，主要是一些客观原因造成的，如扩音器突然哑了、照明灯突然灭了、听众中突然有人晕倒、有人不小心跌倒了等。遇到这种情况，总裁除了请有关人员协助处理外，如修理线路、送病人上医院等，其实也很需要用聪明才智去消除意外带来的影响。

据说，马季和赵炎有一次在山东潍坊市表演相声《吹牛》，两人正“吹”得不可开交时，礼堂棚上有一盏大灯突然炸裂，玻璃碎片向四处散落，听众惊得抱头叫了起来。眼看一场精彩的演出毁于一旦，马季灵机一动，把这情景巧妙自然地转化为相声的内容，他用手指着天棚说："你能吹，瞧我的，我能把吊灯吹碎！"真可谓妙语惊四座，全场爆发出海涛般的掌声。

总裁也需要具备这种"急才"。

第八章

细节之要：总裁公众演讲时的注意事项

对于演讲者，演讲过程中还有很多的细节需要注意。正所谓“细节决定成败”，这句话对演讲同样适用。一次完美的演讲需要时时的历练和对细节的把握，诸如在演讲现场的位置、麦克风的使用方法、怎样使用多媒体、演讲背景音乐等。所有这些都是在演讲中应该注意的。

充分重视那些可能导致演讲失败的细节

演讲作为一种公众演说有很多注意的事项，比如演讲的站姿、演讲的面部表情、演讲的语调、演讲者的衣着打扮等。但演讲中的细节或许更为重要。你满怀信心开始的一场演讲却有可能铩羽而归，其实就是细节的原因。你不可能天生就是一个演讲天才，想想是什么导致了你的演讲失败？如果不是看自己演讲的录像，或者有人随时帮你记录，那么你自己很难发现这些细节之处。

1. “嗯”和“呢”等语气词

“嗯”和“呢”等这些都是用于过渡的语气词，在日常对话中并无大碍，但是当你是在给观众做演讲时，这些词就会变成一种干扰。要想改变这个习惯，你可以用停顿来代替这些词。开始的时候，你也许会觉得冷场，但是停顿能起到另外一种作用：当大厅安静下来的时候，观众的目光就会聚向你。

2. 分心和小动作

当你重复做某种动作时，这也会给观众带来困扰。如果你不停地把手插入口袋又拿出来，这些小动作都会分散观众的注意力。

3. 背对观众

你一定要避免背对着观众，这是最起码的礼仪。如果你需要看自己的幻灯片，也要尽量保持面对观众，从一个斜的角度去看。

4. 重复

有时我们会重复地说某些话，例如，“这个是关于……”“接下来……”“现在我们要……”等，这些话都是为了引出下一张幻灯片。要表达同一种意思，我们总能找到不同的方法，但是首先你要认识到自己的那些用语是多余的，你只是习惯性地依赖它。

5. 缺乏眼神沟通

你的眼睛看着哪里？你至少可以看着观众席的后排，这样观众就会认为你正在看着其他的观众。最好的眼神交流是在不同的时间看不同的地方，扫视观众以达到自然的效果，即使你只是装出来的自然，那也比不自然好。

6. 表现得不自然

有的人把手插到口袋里看起来会很自然，更多的人看起来会不自然，这给了我们什么启发呢？每个人表现自然的条件不同，我们只有表现得体，观众就只会关注我们的演讲，而非我们表现得不自然的原因。如果你一直盯着讲台上的水壶，担心它会掉下来，那你就会表现得不自然了。这时，你可以把水壶挪个位置。如果你觉得穿西装不舒服，那就不要穿，但是一定要确保自己的衣着要显出对观众的尊敬。一定要做那些能让你表现得自然得体的准备工作。如果你屏住呼吸，讲话没有停顿，不给观众思考的时间，那么不论你如何否认，你的表现都将是不自然的。

7. 缺乏激情

即使你的演讲平淡无奇，如果你表现得富有激情和热情，就会发现还是有不少观众愿意倾听你的思想。然而，很少有人能讲得富有激情。演讲者自以为讲得很有激情，但在观众看来，他们只是表现平平。你可以观看那些富有激情的演讲视频，比如马丁·路德·金的《我有一个梦想》的演讲就是不错的例子。然后对比自己的演讲视频，想想如何在保持自己特色的基础上，再加入更多的激情。

8. 没有注明参考数据

如果你的研究借鉴了他人的观点，那么最好表明出处。如果你只是简单地说“有研究表明……”而不提及这些研究的来源和出处，就会给人们一种捏造的感觉，或者人们会认为你根本就不知道它的出处。

9. 不了解观众

演讲前一定要弄清楚，观众是哪些人，他们想知道什么，需要听到什么。这是你取得演讲成功最基本的前提。演讲者要学会从听众那儿获取反馈信息来了解自己的演讲。有时组织者会组织反馈意见调查，但你应该从听众的反应中积极主动地获得更具参考价值的免费反馈信息。

总之，导致演讲失败的诸多细节是应该引起足够重视的。同时，细节往往可以以小见大反映生活某些方面的本质。在演讲中也可以抓住某些典型的生活细节，在演讲中反复照应，多处强调，从而揭示生活的真谛，给听众以有益的启迪。

找出一个合适的位置，用好演讲空间

所谓演讲空间就是指进行演说的场所范围，还包括演讲者所在之处与听众间的距离等。利用好有限的演讲空间，比如找到一个合适的演讲位置并有意识地在所提供的演讲空间内走动，对于演讲效果甚至演讲能否顺利地进行下去都有很大关系。

1. 站好自己的演讲位置

演说者的位置以位居听众注意力容易汇集的地方最为理想。演讲的时候，演讲者多半居于桌子的上方，因为该处正是最容易汇集听众注意力的地方。反之，如果演讲者居于桌子的正中央，那么演讲的进行情况会变如何呢？恐怕会使听众注意力不集中，且有演讲冗长不休的感觉。因此，让自己位居听众注意力容易汇集之处，不但能够提升听众对于演讲的关注，甚至具有增强演说者信赖度和权威感的效果。

在使用多媒体辅助演讲时，站好自己的演讲位置的基本原则是，站在观众可以同时看到你和视觉辅助材料，同时你也可以清楚看到所有观众的位置。这个位置并不固定，通常就是荧幕旁。有些场地是有舞台的，离听众很远，这时你就应该站得离听众近一些，这样让听众可以很容易地同时看到你和你的幻灯片。

2. 使用多媒体演讲时的站位

你对自己的演讲内容、表达能力与个人风格都很有自信。多半的时间，你的眼睛看着听众，而不是电脑或荧幕。你是真心想要和观众分享你的想法，你要看到他们的表情，才知道他们听懂了没有。你熟悉自己的投影内容，并不需要经常看着荧幕。你不会躲到观众视线以外的地方，你会让观众不需要转头就可以同时看到你和荧幕上的视觉辅助材料。因为你知道，再炫的幻灯片都只是辅助性的。因为你知道，你才是这场演讲的主角。

3. 使用多媒体演讲时的注意事项

在演讲中使用多媒体来辅助已经是很常见了。在使用这些听觉、视觉辅助材料时，作为演讲者，你是站在哪儿呢？看看下面的小小分析吧，如下表所示。

使用多媒体演讲时的注意事项

注意事项	说　明
不要留在自己的座位上	坐在自己的座位上，说明你对自己的演讲内容与表达能力缺乏足够的信心。事实上，你留在自己的位置上，是为了逃避观众对你的关注，因为你害怕在别人的注视下出现漏洞，就选择了留在人群中，只想“大隐隐于市”，根本不想进行研究
不要站在笔记本电脑旁	这个位置说明你有做演讲的动机，但仍没有足够的自信。你站在电脑旁希望观众尽量不要把视线集中在你的身上。甚至为了尽量避免与观众的视觉接触，你只是看着电脑屏幕或投影荧幕
不要站在讲桌后面	这个位置说明你对演讲的内容是有自信的，但对自己的表达能力与个人风格没有什么自信。站在讲桌后面，双手摊开抓着讲桌两侧，就像抵御甚至躲避别人的进攻。偶尔你也会用激光笔指一指荧幕，觉得自己挺正式和有权威，其实你的内心仍然是挺焦虑的，依旧担心听众有可能穿透你的防卫，看出你是一个无趣的人。但你并不知道还能做些什么，只是抓住那张讲桌不放，偶尔挥一挥激光笔

总之，演讲者应该在演讲前提早到达会场，观察下场地的布置，找出一个合适的位置。无论如何，上述这些都是原则而非公式，应该灵活应用，而不是照搬。

正确使用麦克风，充分利用麦克风为演讲服务

在较大的场合，使用麦克风进行演讲是必需的。运用麦克风可以使声音得到变化，同时声音的可塑性也增强，还会增大音量。因此我们要充分利用麦克风来为演讲服务。

麦克风有很多种，如微型麦克风、手持麦克风、桌面麦克风、落地式麦克风等。所有麦克风的角度对音质的影响都很大。麦克风的头朝天，这样采集的音色会强调低音，如果你的声音比较尖就可以用这样的方法拿麦克风。平着拿麦克风，这样麦克风采集的音色最为丰富，音质也会很棒，但是坏处是，你在发爆破音时会“喷”话筒。麦克风的头朝下，这样采集的音色会强调高音，声音低沉或是高音很有特色的人可以用这样的方法持麦。

在使用麦克风进行演讲时，有许多细节是需要注意的，否则会直接影响演讲效果。下面列举一些细节供参照。

1. 不要握在无线麦克风的网头上使用

许多演讲者习惯以手掌握着麦克风网头，这是严重破坏麦克风音质及指向性的最不良姿势，以这样的姿势使用麦克风，即使选用性能优良的麦克风也会变调。用手掌握住网头的结果等于隔绝音头气室周边的音响回路，并产生手掌与音头气室的谐振频率，导致麦克风的正面频率响应及指向特性严重的劣化，而且因手掌的聚音效应容易造成回授声。

无线麦克风因为没有联机的缠绊，使用方便安全，但也常常因使用者错误的使用姿势，任意抓在麦克风的网头上，而丧失麦克风原有的优越特性。一个演讲者要利用麦克风把优美的声喉展现出来，就必须要先学好拿

麦克风的正确姿势。请记住一个重要原则：不管你怎样地拿，都不要握在麦克风的网头上，应该握在麦克风的管身上，才能保持麦克风原有音质。

2. 避免握在无线麦克风的天线部位使用

传统的无线麦克风，天线都露在管身底部外面，如今先进的设计，都隐藏在管身上端或底端的内部，使用者如果手掌刚好握在管身与天线之间或附近，会衰减天线的发射效率，而缩短接收距离使稳定性劣化，尤其两手都握在管身及天线附近上面，更会大幅衰减发射功率。

3. 不要把两支无线麦克风握在一起使用

将两个发射器靠近使用，会产生内调失真的谐波干扰，尤其在多频道同时使用之下，靠得越近，干扰的问题会越严重。两支以上的无线麦克风靠在一起使用，除了会产生谐波干扰的问题外，还会产生麦克风的音频相位及指向性干涉现象，破坏了麦克风原有正常的音质特性。当麦克风的音频相位相同时，会使两支麦克风的输出相加，导致音量提升而产生回授声；反之，因相位相反，使麦克风的输出相减，导致音量不足。

麦克风的指向性也会因两支麦克风过度靠近，会使原来优良的指向特性劣化，所以使用者应该避免一手拿着两支或两支以上的无线麦克风同时使用。如果要同时使用多支麦克风，则必须把麦克风的距离至少拉开 30 厘米以上，才能减少麦克风特性上的改变。

4. 注意调整无线麦克风与嘴巴的距离

使用指向性无线麦克风距离嘴巴的远近，对灵敏度及音质会有相当明显的变化，因为麦克风的灵敏度与嘴巴距离的平方呈反比，所以声喉力道不足的演讲者，不能拿麦克风离嘴巴太远，这样会使音量锐减，若把扩音机的音量提升，则容易导致产生回授声；大声喉的演讲者，不要拿麦克风靠嘴巴太近，这样会使音量过大容易导致扩音机产生饱和失真。

再者，由于指向性麦克风具有明显的近接效应，当麦克风靠近嘴巴时，低音会大幅提升，因此，如果你的声喉低音不足，可以把麦克风靠近嘴巴一些，利用近接效应补偿你的低音效果，让你的声音更加厚实而有磁性；相反，如果你的声音太低沉，可以把麦克风离嘴巴远一些，以减少麦克风的近接效应，让你的声音更加清晰亮丽。

麦克风与嘴的距离一般为一拳，也就是 10 厘米左右。太近了气粗声大，对气爆杂音的影响很大，容易产生“喷”话筒的情况，特别对灵敏度较高及低音响应较强的麦克风，气爆杂音会更严重，如一些以送气为主的字“怕、他、去、其”等其音节更是明显。为了减少气爆杂音影响演唱的音效，除了要注意选用具有防止气爆杂音特性优良的麦克风外，更要注意调整麦克风使用的最佳距离。话筒也不能太远，太远了声音传不出，尤其是敏感度不高的话筒太远了等于没用。为了减少气爆杂音影响演唱的音效，除了要注意选购具有防止气爆杂音特性优良的麦克风外，更要注意调整麦克风使用的最佳距离。

5. 避免无线麦克风面对着喇叭使用

将无线麦克风靠近喇叭或面对着喇叭使用是最忌讳的方式，不管如何名贵的麦克风，在这样的情况下使用是最容易产生回授的啸叫声。一般演唱用的无线麦克风大都采用指向性音头，如果使用的角度正确，可以降低或避免与喇叭产生回授声。将无线麦克风拿在喇叭两侧或后方的位置使用，比较不会产生啸叫声，如果需站在喇叭的前方使用，以垂直或水平方向与喇叭的角度保持超过 90 度以上，可以减少回授声。

演讲时正确使用多媒体

多媒体是计算机和视频技术的结合，是一门综合的信息处理技术，它能用计算机将文字、图形、图像、动画、视频、声音等集成和控制起来。多媒体能做什么？它展示信息、交流思想和抒发情感。它让你看到、听到和理解其他人的思想。也就是说，它是一种通信的方式。在演讲中，恰当地采用多媒体技术可以极大提高演讲的听觉、视觉冲击力并加深其内涵。

在演讲中，恰当地使用视觉、听觉多媒体辅助工具，不仅能够烘托演讲现场气氛，更重要的是对于演讲主题的阐述、演讲思想的传播以及听众的理解大有帮助。比如幻灯片可以帮助演讲者更好地表达、把握节奏，并且能在演讲者不得不使用专业用语时帮助观众更好地理解。它可以帮助保证演讲的连贯性和节奏，带领听众完成一段难忘的旅程。再比如当演讲者提出一个想法，可以通过多媒体给出一幅图画，动态图像演示与声音媒体配合进行，从而收到良好的演讲效果。

下面，我们以演示文稿软件（PPT）为例，来说明一下在演讲中使用多媒体需要注意的事项。之所以选用 PPT 来说明，是因为这个软件是演讲常用软件之一，其中的很多细节具有普遍意义。也就是说，它的很多使用细节也是使用其他软件时需要注意的。

1. PPT 及其定位与制作细节

PPT 是微软公司设计的演示文稿软件。它可以在投影仪或者计算机上进行演示，也可以将演示文稿打印出来，制作成胶片，以便应用到更广泛的领域中。演示文稿中的每一页就叫幻灯片，每张幻灯片都是演示文稿中既相互独立又相互联系的内容。

（1）演讲的 PPT 的最终目标是让听众感兴趣、看清楚、听明白、能记住、有反馈。因此，演讲的 PPT 一定是为听众服务的，不可以自我为中心。除传递信息外，可考虑引起听众的思考或发问。

（2）PPT 应有侧重点，绝不可泛泛而谈，应是针对具体的一类人而编制的。分标题不宜多，且应突出重点。

（3）PPT 不可太长，也特别忌讳照着文字念，而应以“重点文字 + 图片 + 数据图表 + 多媒体”为主。文字大小根据演示的内容选择。

（4）学会 PPT 制作中的示意图、箭头、图层的用法非常重要，此外 PPT 翻页的形式与突出重点也是关键。

2. 利用 PPT 演讲时的细节

（1）激光笔和鼠标的使用。有条件的话，准备投影仪激光笔。这样可让演讲者与听众有正面目光的接触，便于传递信息与互动。激光笔和鼠标不能乱晃，当用则用，不当用时不用。

（2）面对观众，察言观色。不能只看 PPT 屏幕，要与台下的听众进行交流互动，从而把握现场。

（3）建议穿着正装、面带微笑、声音洪亮，并辅以适当的肢体语言。此外，演讲的语言节奏应该舒缓恰当，不能太快，也不能太慢。

演讲时配上背景音乐，锦上添花

时下的很多演讲都配有背景音乐，总裁公众演讲应该用什么背景音乐，需要看演讲主题是什么。如果是弘扬奥运精神，那就要激情的音乐。如果是关于四川地震的主题，就用开始悲伤后来喜悦的音乐。总而言之，要用什么音乐，得看演讲的主题。当然，还和演讲的高潮等的一些因素有关。

很多总裁都喜欢给自己的演讲配上相应的音乐，如果配乐得当确实会给自己的演讲锦上添花，那么各种演讲都该配什么类型的音乐呢？不少人为此苦恼。下面，我们将各种类型演讲所适合音乐做一个归类总结，以供总裁们选择使用。

1. 歌颂祖国类

《共和国之恋》《红旗颂》《长征交响曲》《义勇军进行曲》《五星红旗》《黄河钢琴协奏曲》《乡之音》《十送红军配乐》《青春中国配乐》《黄河号子》《我和我的祖国》《长城谣》《黄河牵着我的手》《江山无限》《爬雪山》《同一首歌》《长江之歌》《龙魂》《大梦敦煌》《缔造者》《西江月·井冈山》《满江红·和郭沫若》《七律·占领南京》《蝶恋花·答李淑一》《菩萨蛮·黄鹤楼》《沁园春·雪》《重上井冈山》等。

2. 亲情乡情类

《白发亲娘》《大别山》《老父亲》《妈妈的歌谣》《那就是我》《前门大碗茶》《亲爱的爸爸妈妈》《夕阳红》《烛光里的妈妈》《忆江南》《思乡》等。

3. 爱情心情类

《梁祝》《走进春天配乐》《沈园故事》《不了情》《常驻我心》《款款

柔情》《乱世佳人》《每当你离去时候》《秋日私语》《人鬼情未了》《人面桃花》《万水千山总是情》《我的美丽与哀愁》《我等候你》《钟爱一生》等。

4. 自然诗意类

《白菊曲》《秋菊曲》《冷菊曲》《碧雨翠丝》《哈罗》《航行》《荷塘月色》《良宵》《旅程》《旅行》《绿洲笛韵》《美好时光》《破晓》《日光海岸》《森林狂想曲》《田纳西华尔兹》《田野小曲筚篥》《温柔海》《月河》《月神》《满天春色》《满园春 2》《千年冰》《水晶杯》等。

5. 草原马头琴类

《不落的太阳》《草原梦》《草原之夜》《大草原》《父亲的草原》《嘎达梅林》《美丽的草原》《蒙古人》《牧歌》《诺恩吉雅》《色楞格河》《森吉德玛》《提琴在西北草原》《天上的神云》《天堂》《赞歌》等。

6. 节奏强烈类

《百战英雄》《苍龙鼓》《冲天炮》《德久鼓》《等待》《风雨人生》《鼓古事记》《鼓诗》《海燕伴奏》《浩浩乾坤》《激烈磅礴》《甲午海战》《千古英雄 1》《问天》《向天再借五百年》《心灵睡过的地方 1》《中国志气》等。

7. 交响乐轻音乐类

《阿达玛斯》《爱尔兰摇篮曲》《安妮的仙境》《巴格达之星》《比阿特丽克斯》《变幻之风》《布列瑟农》《沉意爱尔兰》《晨光》《初雪》《春水》《春天》《春野》《春之歌》《春之声》《大自然的母亲》《地球之声》《风之呼唤》《高原》《和平生活》《空想的声音》《老鹰之旅》《命运贝多芬》《莫扎特》《泰坦尼克号》《月光狂想曲》《早晨空气》《崭新的世界》等。

8. 提琴主题类

《暗夜》《飞向阳光飞向你》《海顿协奏曲》《红莲》《蝴蝶花》《情殇》《思想者》《协奏曲》《夜》《雨中的故事》《卡门幻想曲》《月光》等。

9. 古曲古韵类

《爱与哀愁》《步步高》《彩云追月》《长门怨》《禅院钟声》《出水莲》《春涧流泉》《春江花月夜》《春之海古琴》《大得胜》《灯月交辉》《杜宇魂》《泛龙舟》《翡翠登泽》《丰富之歌》《高山流水》《广陵散》《寒鸦戏水》《汉宫秋月》《旱天2》《胡笳十八拍》《江河水》《将军令》《蕉窗夜雨》《浏阳河》《流水行云》《梅花三弄》《平湖秋月》《平沙落雁》《秦桑曲》《清净法身佛》《十面埋伏》《双凤朝阳》《苏武思乡》《香山射鼓》《阳春白雪》《阳关三叠》《渔舟唱晚》《渔樵问答》《雨打芭蕉》《昭君怨》等。

10. 情与景

《白云红叶两悠悠》《北斗望月》《登轩待月》《风雨残雷》《枫桥夜泊》《浮云天关》《寒山踪深深几许》《荷风送香气》《荷塘风缓》《湖亭晚归》《花非花》《花间梦事》《花月正春风》《空林晚晴》《侬家风月》《品茗南亭》《秋河飞月》《亭亭山上松》《月下独酌》等。

11. 海韵

《阿德琳芭蕾曲》《阿兰费兹之恋》《爱的港湾》《岸边》《八仙过海》《北海罗曼史》《船歌》《海滨灯塔》《最后的华尔兹》《海顿惊愕交响曲》《海阔天空》《海内存知己》《海之涛》《酣睡的珊瑚礁》《化身为海》《蓝色序曲》等。

12. 牧童笛、笛子

《晨雾》《大风过后》《大海和水滴》《绿袖子》《梦想飞翔》《迷人的黎明》《深蓝色》《树林里的鸟》《天长地久》《西班牙舞曲》《希腊之舞1》《草原之夜》《洞庭湖》《丰收歌》《凤尾竹》《骏马奔驰保边疆》《美好生活》《美丽新疆》《五朵金花》等。

以上音乐曲目不一定全面，演讲者可以在实践中继续完善，使自己的演讲表现得更加完美。

第九章

宏论有道：总裁公众演讲著名案例分析

演讲不是一件容易的事。讲正确的空话，听众觉得你没有诚意；讲“八股”的套话，听众觉得你没有新意；讲点真话，会不会把听众的思想搞乱？但很多著名的企业总裁没有这些烦恼，如马云、雷军、牛根生、任正非等，他们的公众演讲可谓宏论有道，观点新颖鲜明，感情真挚热烈，论述有序严谨，都是企业总裁公众演讲的典范之作。

马云公众演讲——“梦想、承诺与坚持”

马云，阿里巴巴集团创始人，创办了中国最大的网络平台“淘宝网”以及网上个人支付系统“支付宝”，是50年来第一位荣登全球著名杂志《福布斯》封面人物的中国企业家。

马云具有超强的演讲能力，他在演讲中运用的很多句子被公认为“金句”，广为流传。比如，今天很残酷，明天更残酷，后天很美好，但是大多数人死在明天晚上，看不到后天的太阳；人要成功一定要有永不放弃的精神，当你学会放弃的时候，你才开始进步；男人的胸怀是委屈撑大的，多一点委屈，少一些脾气，你会更快乐……

下面就以马云在2008年中央电视台举办的“我能创未来——中国青年创业行动”上演讲的部分内容为例，一起来看看马云公众演讲的高明之处。

> 作为一个创业者，首先要给自己一个梦想。在1995年我偶然有一次机会到了美国。然后我看见了、发现了互联网。我不是一个技术人才，我对技术几乎不懂，到目前为止，我对电脑的认识还是停留在收发邮件和浏览页面上，我今天早上还在说，到现在为止我还搞不清楚该怎么样在电脑上用U盘。但是这并不重要，重要的是你到底梦想干什么。
>
> ……
>
> 有了梦想以后，我觉得最重要的是给自己一个承诺，承诺自己要把这件事做出来。很多创业者都觉得这个条件不够，那个条件没有。

我觉得创业者最重要的是创造条件。如果机会都成熟的话，一定轮不到我们。所以一般大家都觉得这是好机会，一般大家觉得机会成熟的时候，我觉得往往不是你的机会，你坚信这件事情能够起来的时候，给自己一个承诺说我准备干5年，干10年，干20年，把它干出来。我相信你就会走得很久。

……

在创业的过程中，四五年以内，我相信任何一家创业公司都会面临很多的抉择和机会，在进行每个抉择和机会的过程中，你是不是还是像记住自己的初恋那样记住自己的第一个梦想，至关重要。在原则面前，你能不能坚持；在诱惑面前，你能不能坚持原则；在压力面前，你能不能坚持原则。最后想清楚干什么，该干什么以后，再对自己说，我能干多久，我想干多久，这件事情该干多久就干多久。

……

创业者在记住梦想、承诺、坚持，该做什么、不该做什么，做多久以外，我希望创业者给自己承诺，给员工承诺，给社会承诺，给股东承诺，永远让你的员工、你的家人、你的股东可以睡得着觉，绝对不能偷税，不能做任何危害社会的事情……最后想跟所有创业者和准备创业的人说，还是我每天跟自己说的话：今天很残酷，明天更残酷，但后天很美好，绝大部分人死在明天晚上，所以我们必须每天努力面对今天。

（节选自中央电视台《我能创未来——中国青年创业行动》节目，略有改动。）

马云的演讲很精彩，很具有煽动性和蛊惑力，他总能利用“光环语言”实现与听众之间的共鸣与共振，同时又善于借助典故实现有效沟通。因此，他的演讲会场总会不断地爆发出雷鸣般的掌声。这就是每一位演讲者都应该学习和借鉴的。

马云的演讲具有这样三大特点：一是幽默风趣，善用修辞艺术；二是积极乐观，坚持坚定；三是经典语言口语化，现身说法。

马云对梦想的坚持和执着，让马云一次又一次取得了成功。因此，在这篇演讲中，马云所展示的经历和走过的路也像一座座光辉的丰碑照耀着创业者和准备创业的人，使之为自己的每一个梦想、承诺而坚持，直至成功！

雷军公众演讲——“我看未来 20 年”

雷军，小米科技的创始人、董事长兼首席执行官（CEO），是中国大陆著名天使投资人，并当选《福布斯》亚洲版 2014 年度商业人物。其创建的小米手机四年来只发布了六款，但全球市场份额却已排名第三。

小米创造了一个又一个神话，其秘诀就是取其精华，去其糟粕，不断学习，不断完善。在手机生产和制造上，雷军一直以来坚持着以下三项原则：

第一，小米极其强调真材实料，做好产品。因此，小米在产品发布之初就具备了非常高的品质。

第二，小米愿意倾听用户的意见，和用户做朋友，把用户全部拉进来，一起把产品做好。

第三，小米用了互联网的技术、电商直销和高效率的运作，最终使它的零售价接近成本价直销，而这样还能挣钱，就在于小米的核心是高效。

下面摘录雷军在“我看未来 20 年”公益演讲上的一段演讲，从这段演讲我们可以发现雷军全心全意为用户负责和真诚的一面。

> 三年前我做手机的时候就这样想，我能不能为非常在乎性能、体验的 20～30 岁的理工科男生做一款手机，让他们发自内心喜欢这个东西？有了这个想法，我们就想把每款手机认真做好。少做一点事情，把这些事情做到极致，就是最好的策略。我们发布小米 4 的时候再看最初做的 5 款手机，都是爆款，这说明什么？当你要做的事情更少的时候，你才真正有更多的精力把它做好。
>
> ……
>
> 小米创新在什么地方呢？到今年（2014 年）7 月 1 日，小米通过

销售大量的手机，形成了一个七千万用户群的米柚（MIUI）用户，这个系统的好处就是小米最大的创新点。它源于一个朴素的想法，在我参与金山软件创办的时候，有机会见到诺基亚、摩托罗拉他们全球研发的老大，我就将原来用诺基亚、摩托罗拉时感到的不方便的地方告诉他们，提出修改意见，他们听完以后觉得有道理，可是我从没有见他们改过。

所以我就在想，我能不能做一款手机，如果你有意见，告诉我。如果我觉得有道理，我可不可以立刻就添到我的手机里面？我就是用这样的想法开始做 MIUI。我给 MIUI 定了一个要求，我们需要每一个星期发布一个新的版本，这样你提出的意见只要合理，我一周之内就能改。

……

所以小米就是一点一滴把大家的意见汇聚在一起，其实就是最大限度地把大家的力量和智慧调动在一起做这款手机。我们做完了以后，在国际上很快就有一定的知名度，我们国际粉丝起来之后他们帮我们在全球推广，帮我们做各国的语言版本，甚至把 MIUI 系统移植到各种手机上，现在 MIUI 能支持 180 款手机都是这些爱好者干的。

……

只有专注，并且做到极致，你才有机会做到世界第一。

我希望小米的这波创业对中国的影响，就像三星之于韩国，索尼之于日本。我希望小米的梦想成为中国的未来，中国越来越多的企业在全世界范围内崛起，成为“优质平价”的代名词。让全世界享受中国科技创新的力量，我觉得这才是我做小米希望对社会有点帮助的地方。

互联网思维能帮助中国的传统产业转型升级，最最重要的是观念，要做优质的产品，做世界级的产品。我觉得通过过去三年在中国的实践，如果把小米的模式扩大到世界各地的话，小米有机会成为中国的国民品牌，代表中国！

（节选自《成都商报》“我看未来 20 年”大型公益演讲，略有改动。）

小米四年半的时间发布了6款手机，小米为什么不采用机海战术？雷军认为，最好的策略是少做一点事情，把这些事情做到极致。如果小米能像阿里巴巴一样14年后上市，将成为一家伟大的公司。

在这篇演讲中，雷军就十分诚恳，其演讲风格与莫言在诺贝尔领奖会上讲故事相似：

第一，向人诚恳地传达自己的理念和想法。他注重讲经验知识，不讲套装知识；注重有效互动，真正与周围世界建立起联系，其故事处处感动人，让人记忆犹新。

第二，具有开阔的知识视野。在演讲中，他并不局限于自己的领地那一块，而是放眼全国、全球。

第三，才华是根本。雷军读了很多书，并且从书中汲取到了自己所需要的知识和他人的经验，最后他将这些知识和经验完美地运用到自己的事业之中。

所以，雷军向同仁堂学习做产品要真材实料，还要有信仰；向海底捞学习口碑源于超预期的用户收益；向沃尔玛、好市多（Costco）学习低毛利、高效率是王道，这就是雷军的成功之道，也是他事业成功的根本和做事的标准，进一步来说，更是雷军演讲的成功之处。

任正非公众演讲——“一个职业管理者的责任和使命”

任正非，华为技术有限公司创始人、总裁，2005年入选美国《时代》杂志全球100位最具影响力人物；2011年，以11亿美元首次进入福布斯富豪榜，排名全球第1153名，中国第92名。

任正非讲话十分注重艺术色彩，非常注重在不同类型的讲话中的逻辑、情感和可信度三者的合理搭配，并擅长比喻、故事和诗词等提升讲话的趣味性和影响力。因此，任正非的演讲在企业界也被广为传播。2000年，任正非就华为内部刊物《华为人》的一篇短文《无为而治》，以公司治理为题发表了演讲。

作为高层管理者，我们怎样治理这个公司，我认为这很重要。

以前我也多次讲过，只是这篇文章（《无为而治》）给我们画龙点睛，更深刻地说明了这个问题。

……

第一点，我想强调一下什么是职业管理者的责任与使命。

一个职业管理者的社会责任（狭义）与历史使命，就是为了完成组织目标而奋斗。以组织目标的完成为责任，缩短实现组织目标的时间，节约实现组织目标的资源，就是一个管理者的职业素养与成就。

……

这就是“无为而治”的动机。

为了实现组织目标，要有好的素养与行为，我希望大家重视对自己的定位认识，加强个人职业素养的提升。

第二点，我想谈一谈一个担任高层职务的职业管理者的应有心态和行为特征。

华为曾经是一个“英雄”创造历史的小公司，正逐渐演变为一个职业化管理的具有一定规模的公司。淡化英雄色彩，特别是淡化领导人、创业者的色彩，是实现职业化的必然之路。只有职业化、流程化才能提高一个大公司的运作效率，降低管理内耗。

……

这就是“无为而治”的必需。

第三点，已经付了报酬，按劳获得了待遇，“英雄”不应作为额外索取的名义。

在职业化的公司中，按任职资格与绩效评价，付了报酬，已经偿还了管理者对职业化管理的贡献，个人应不再索要额外的“英雄”名义的报酬。为此，职业化管理者是该奉献时就奉献，而不是等待什么机会。

……

实现无为而治，不仅是管理者实现“从心所欲不逾矩”的长期修炼，更重要的是我们的价值评价体系的正确导向，如果我们的价值评价体系的导向是不正确的，就会引发行为英雄化。行为英雄化不仅仅会破坏公司的流程，严重的还会导致公司最终分裂。在这个问题上我认为高级干部的价值评价体系导向比个人修炼更重要。个人修炼当然也重要，但小草再怎么浇水也长不成大树，如果价值评价体系不正确的话，那我们的导向体系就错了，我们公司就永远发展不起来。

我们将逐步引入西方公司职业化的待遇体系，如工资、奖金、期权、期股……都是回到让职业管理者默默无闻、踏踏实实地工作上去。我们实现了这些，高层更不应成为英雄。

这就是“无为而治”的基础。

（节选自2000年3月20日（第101期）《华为人》报，略有改动。）

在任正非的演讲中，能让我们深深地感受到他对家庭温情和创业激情的交互荡漾，从而唤醒了更多员工心底的希望，使员工对现实和企业有更高的认同感。

在演讲中，任正非就提出了他的三个观点：

一是作为一个职业管理者，要完成组织目标，必须具备好的素养和行为，这是“无为而治”的动机；

二是作为一个高层管理者，必须淡化英雄色彩，淡化领导人色彩，这是“无为而治”的必需；

三是作为一个职业管理者，要淡化名利，要平平静静，要有奉献精神，这是“无为而治”的基础。

对于华为公司来说，从“人”治走向“法”治，从混沌走向秩序，从必然王国走向自由王国，实现企业经营管理各个系统的与国际接轨。在这个过程中，就不是仅仅是依靠几个“英雄”的力量所能完成，而是靠整个管理团队持之以恒的优化，这才能使企业步入良性发展轨道。

所以，这篇演讲的目的，就是要向全体公司职员传递他所追求的“无为而治”的至高境界，而这也正是企业最广泛、最持久的原动力。

马蔚华公众演讲——“强化金融创新，增强银行竞争优势”

马蔚华，曾任招商银行董事、行长，中国金融学会常务理事，中国企业家协会副会长，深圳市质量强市促进会会长等。

自1999年担任招商银行行长以来，马蔚华始终把“创新”二字贯穿于招商银行的发展之中，因此，招商银行也在“网络化、资本市场化、国际化”三大任务中做出了突出贡献，使招商银行拥有了全行统一的电子化平台，率先开发了一系列高技术含量的金融产品与金融服务，吸引了大批高端用户，同时树立了技术领先型银行的社会形象。

下面是马蔚华在清华大学经管学院举行的“2006中国企业产品创新高层论坛”上，就银行金融产品和服务创新的话题发表的部分演讲。

现在创新的论坛层出不尽，我们这次论坛也是创新的论坛，但是我觉得这个创新在我们这个社会中，在这个时代里，怎么讲也不为过，因为我们创新不足，作为一个企业，作为一个社会，或者作为一个人，创新就是新陈代谢的过程，就是延续生命，生命旺盛的过程，所以创新非常必要。

……

所以借这个论坛，我想对创新再谈几点体会。

第一点，作为银行为什么要创新，这是很简单的问题，大家对这个问题有各种各样的答案，比如说今年（2006年）12月份外资银行就要进来了，你不创新可能就没法竞争了，比如说国有银行改革了，金融竞争白热化了，也要创新，实际上这些都对。但是我觉得银行的创新最关键的原因是什么呢？是因为需求变化了，不断地有新的需求，你传统的服务是赶不上的，所以你要创新你的服务。

……

第二点，我想讲一下创新的一点体会，就是怎么创新。创新大家都知道，就是对传统的一种破坏、颠覆，但是创新是有风险的，要勇于冒一点风险……

第三点，我觉得创新必须要矢志不渝，形成品牌效应，咱们大家也都感觉到品牌的作用，还是非常神妙的。世界品牌协会的主席说，他说你拥有市场比拥有工厂更重要，而拥有市场的最有利的手段就是拥有品牌。而品牌这个东西，它就是一种大家对它的信任，对你的服务、产品的信任，它也是一种时尚的追求。

……

这是我对创新的三点体会。

最后我觉得要搞好创新，为什么要不断创新，为什么招商银行能够把创新当作自己动力的源泉，我觉得有几点是必须注意的。

第一点，这个企业应该有良好的治理结构。良好的治理结构就是有一个激励机制和约束机制，而这个激励机制是创新不可缺少的；如果一个企业它不鼓励创新，那个可能它就没有创新，因为创新有风险……

第二点，就是文化。我觉得对于一个企业来说，文化非常重要，刚才我讲的治理结构和关于激励机制和约束机制，这个属于制度的层面……而文化是解决我心甘情愿的应该这样做，所以这个企业的文化培育非常重要……

第三点，要想搞好创新就要投入，没有投入是不行的，所以我们这些年不断地投入，招商银行没有自己办公楼的时候，只有培训中心，我们现在花了很多钱培养我们的员工，在清华大学要不断地办下去，办我们的中层班，把客户经理送到新加坡去办，一批一批地办……不能舍弃投入，投入是为了赚更多的钱。

最后一点，就是创新不但是我们自己的事，你比如说我们今年12月份面临入世，我们结束了中国银行的五年保护期，外资银行可以在所有领域和我们竞争，但是现在有一条，中国现在的金融体制是分业管理，我们只能做存贷款……所以必须变革现在的金融体制和治理，我们才能有发挥自己创新的空间。包括社会传统的改变，包括税务环境的塑造，也包括各个方面的支持，这是银行创新的生态环境。

（节选自马蔚华在“2006 中国企业产品创新高层论坛”上的演讲，略有改动。）

在这篇演讲中，就充分体现了马蔚华演讲时的语言风格，其演讲艺术就体现在以下两大方面：

一是个性鲜明。开篇，马蔚华就表明了自己和招商银行面对当前形势的态度。作为一家中小股份制银行，招行之所以能够在零售业务领域争得一席之地，首先就在于坚持在战略上主动求变。其次，招行倡导和坚持“因你而变”的服务理念，强调所有的经营活动和管理决策都要以客户的需求变化为依据，率先开展服务创新。最后，瞄准国际先进水平，根据自身业务发展的需要，积极探索管理创新。不断完善公司治理，勇于颠覆传统的经营管理理念，加快改革组织管理体制，逐步健全考核体系，全面提升管理技术。

二是通俗易懂。马蔚华演讲从来不说高深莫测的话，所讲的内容都是身边正在发生的事，正在出现的变化。而这也是演讲最终的目的，即有目的、有计划地在大庭广众之下发表意见，使见解一致的听众能够心相互应，从而产生共鸣。

马蔚华与大家分享了招行管理和创新的理念，使收听者在思想上有了深刻的印象。因此，对招商银行的发展来说，这既实现了自身的转型，同时也引导大家要以创新为发展的武器，用好的制度和环境来形成行业的特色文化，这就使银行创新有了强有力的支持。

柳传志公众演讲——“中国制造的国际化”

柳传志，曾任联想集团总裁、董事局主席，是国内著名的企业家、投资家，荣获第十二届中国经济年度人物终身成就奖。

柳传志勤于思考，乐于总结，善于把故事和逻辑编织在一起，说出话来既生动又犀利，三言两语就能把管理心得清楚明白地讲出来。

下面是柳传志于 2007 年 12 月在“CCTV 中国经济年度人物大讲堂”北京站发表的演讲。

我想谈的是中国制造走向国际的问题。

中国制造走向国际，是有强大的动力和优势的。这个主要动力是什么？就是中国民营企业家向上的企业精神，这一点我觉得特别重要。

中国人聪明、勤劳、勇敢，原来我以为就是我们自己鼓励自己的话。这些年，通过长期的考察，跟国外的企业，各方面进行比较，原来这是真真切切的话。就这股劲不得了，中国的市场无限，所以我觉得这个真的是初步的动力。

……

那么走出去，用什么道路走呢？

基本上应该有两条路，一个是以前我们已经走过的中国制造的路，就是说不打牌子……另外一条路，就是形成自有品牌，这个当然好，这个最大的好处，对企业来讲利润马上会增高了，利润会大得多。还有重要的一点，就是中国的企业，很多企业形成品牌，产品出去以后，才能形成国家的品牌，如果我们是出去了，出去以后先中国在产品在企业方面，品牌在国外叫不响，人家就把我们看低了，怎么才能看得好呢？就是不停地要有好的品牌出去，站得住脚跟，综合起来人家才看重你中国，在这种情况下中国的企业后面走出去，才更容易形成品牌，这是我要说的两条路。

那么就是按照走品牌的路怎么走呢？又有两种方式，一种方式就是我们自建品牌，自己建立团队，这就是海尔走的路，这条路当然相当艰难，因为你的产品再好，你要宣传出去，进行宣传要有投入，这一点是一个很大的困难，这个钱的数目会非常之大，于是你要靠中国的业务去支撑，能支撑住，这个要掌握好。另外还有一点就是在一个完全陌生的环境，法律、文化全部清楚的情况下，由中国人自己完全自主地去进行业务，进行业务也是非常困难的事情，这一点不容易。一般来说，得要小规模先试点，扎扎实实，扎实了以后再往前迈，这条路我们没走。

联想走的是这样一条路，就是买国外著名品牌，买团队来做这件事情，这件事情做到今天，应该讲算是取得了一定的成功吧。就是联想并购 IBM 买到了什么？我们买到了三样东西，第一个就是买到了牌子，买到什么牌子呢？最主要是笔记本电脑的牌子，我们今天买下来以后，买了这个牌子，给我们后来的利润等等奠定一个非常厚实的基础……

第二个就是买到了技术，主要的技术是笔记本电脑的开发技术，这个技术包括专利和研发团队，这个团队在日本大河，现在和中国技术管理层融合得非常好……

第三样东西就是买了一个国际公司的管理框架，这个话怎么表达这个词，我也没太想清楚，我指的是什么呢？就是当我买进去以后，还有新的美国私募基金进来，形成一个国际化的董事会，正是由于这个董事会发挥了非常出色的作用，使得这个公司在董事会这个层面上，在代表股东利益这个层面上，站在国际化的角度去考虑问题，如果要是自己建的话，估计可能会有困难。

……

（节选自 2007 年《CCTV 中国经济年度人物大讲堂》节目，略有改动。）

柳传志的演讲思想深刻，理念超前，条理清晰。

第一，超前的思想理念。联想集团的国际化战略现在已经将联想集团推上世界舞台，而联想控股有限公司总裁柳传志则是“中国制造”的第一个全球化运营公司的董事长，其标本与实践意义远超同时代或任何企业家。

第二，深刻的思想内涵。从一开始，柳传志就分析了中国制造走向国际的动力和优势，一是中国民营企业家向上的企业精神，二是中国人力资源的成本低，主要还包括科研人员和管理团队的成本相对世界水平非常低。

第三，清晰的思维条理。针对走向国际，柳传志根据联想的经验就指出了必须通过的两条路，一条是以前已经走过的中国制造的路，另一条就是形成自有品牌，不停地要有好的品牌出去，站得住脚。而走品牌的路又有两种方式，一种方式就是自建品牌，这条路当然相当艰难；另一种是买国外著名品牌，买其技术和国际公司的管理框架。

柳传志做事情就非常具有自己的观念，他目光远大，有高的追求，遇到困难不动摇，坚定不移。而这些性格特征就从他的语言中流露了出来，所以学习柳传志的思想和语言会给我们更多的相关体会。

第十章

文笔精华：撰写总裁演讲稿需注意的问题

撰写总裁演讲稿除了一般性要求外，还有一些特殊的需要注意的问题。比如要力争体现科学的权威性、思想的深刻性，以及鲜明的个性等，并使用艺术手法，对思路精心梳理，对材料精心组织，使演讲内容更加深刻和富有条理，具有较强的感染力。

总裁演讲稿的特点与撰写要求

企业总裁演讲是实施总裁活动的重要组成部分。总裁活动不同于其他类型的活动。总裁活动的特殊性决定了总裁演讲有着自身鲜明的特点。了解并掌握总裁演讲稿的特点，是写好总裁演讲稿的前提。总裁演讲稿是企业各类公文中难度最大的，也是一种特殊的“命题作文”，有着自身鲜明的特点。

1. 层次高

总裁演讲一般不是针对和着眼于某些局部和具体问题的，而是站在全局和时代的高度，用战略的眼光和广阔的视野来观察、分析和解决企业的问题，其政治理论、思想水平和工作层次都很高。

总裁演讲有一定的思想性、理论性、教育性，起点高，立意深。这就要求起草总裁演讲稿时，要不在其“位”而谋其“政”，“小人物敢于说大话”，时时处处站在总裁者应有的水平和层次上思考问题。

2. 权威性强

讲话历来是政治家和各级领导宣传政见、安排部署工作的有效形式。总裁的地位、身份与职责决定了总裁的演讲具有很强的权威性，目的是贯彻实施本级的决定，对分管的工作提出的科学性、指导性意见。因此，领导讲话具有一定的权威性和全局性、综合性、指导性、有效性。

在起草总裁演讲稿时，一定要做到科学严谨、稳妥准确，每一个重要观点都反复研究，每一个新的提法都多方论证，每一段文字都仔细斟酌，把总裁需要讲的内容精准、恰如其分地反映出来。不随便照搬理论界的观点、社会上的看法，不讲没把握、未定性的话，不讲有争议的观点，更不能为了标新立异、语出惊人而讲过头话，甚至“乱放炮”。要坚持科学性与创新性有机统一，努力使每次的提法都准确鲜明、没有歧义，每段文字都经得起推敲。如果拿不准，宁可不用。

3. 涉及面广

总裁的演讲内容十分丰富，不局限于某一方面或某个领域，常常涉及哲学、政治、经济、文化、历史、外交、军事、法律、党建等许多方面的知识，可以说什么内容都可能讲到。

因此，写好总裁演讲稿要求视野广阔、知识面宽，尽可能了解各方面知识，尽可能熟悉各领域的工作。但是，在“包罗万象”的同时，也要做到收放自如，既能放得出去，还要拉得回来，既要纵横捭阖，又能秉要执本，使演讲既能体现较大的信息量，又不至于把主要观点湮没在大量材料中。

4. 个性突出

演讲稿最终是要由总裁讲出来的，所以必须尊重和体现总裁的个性。每一位总裁在演讲时都有自己的风格、特点和要求，有的总裁演讲涉及古今中外，喜欢旁征博引、引经据典；有的总裁演讲立意高远、气势恢弘，喜欢讲时势；有的总裁演讲生动活泼、诙谐幽默，喜欢举例子；有的总裁演讲朴实无华、通俗简洁、干净利落，喜欢用群众语言；有的总裁演讲注重创新，喜欢讲新观点和新语言。

因此，演讲稿在体现基本要求的同时，把总裁的意图领会清楚、体现充分，否则总裁讲起来拗口，下面听起来也别扭，起草人的辛苦也多半白费。领会总裁意图，说难也难，说易也易。关键平时要做有心人，培养自己的悟性，多听多记勤归纳，珍惜每一次与总裁接触和沟通的机会，或者直接听取、记录总裁的口头交代，或者拟出提纲或构思，以口头或书面形式向总裁汇报。

起草总裁演讲稿如何收集材料

企业总裁演讲稿依据不同的场合、对象和用途，可以分为三大类：一是会议类演讲稿，这是总裁演讲稿中数量最多、占比重最大的一“族”，我们平时所说的“总裁演讲稿”，主要是指这一类。二是宣传类演讲稿，这是出于宣传某种主张、某项工作、某件事情的目的，在非会议场合的演讲稿。三是礼仪类演讲稿，即出于感谢、答谢、慰问、庆贺等目的，在各种非会议仪式、场合的演讲稿。

上述各种不同种类的演讲稿涉及的内容很多，一般可以概括为4个方面：一是公司简要介绍，包括起建日期、人数、规模、产值、利税等；二是公司发展前景，包括经营理念、销售渠道、销售架构等；三是公司管理概况，包括管理组织、质量管理、人事管理、安全管理等；四是环保概况，包括生产原物料成分、产生三废状况、三废处置方式等。

由于总裁演讲稿种类很多，内容丰富，因而起草总裁演讲文稿要注意收集材料。收集材料要努力做到“五求”，即求多、求全、求准、求新和求深。

1. 求多

所谓“求多”，就是广泛阅读，广取博收。因为占有的材料越多，作者对事物的本质及其内在联系看得就越准，就越容易产生新思想、新观点、新语言；占有的材料越多，就越便于在同类材料中择优选佳，增强讲话的生动性和说服力。正所谓“韩信将兵，多多益善”。

2. 求全

所谓“求全”，就是充分考虑写作的各种需要，全面收集与写作相关的各个类别、各个方面、各个层次的材料，做到客观材料与主观材料兼顾、感性材料与理性材料兼顾、正面材料与反面材料兼顾、内部材料与外部材料兼顾、直接材料与间接材料兼顾、典型材料与面上材料兼顾、历史材料与现实材料兼顾、例证材料与数字材料兼顾，以便从事实的全部总合中恰当地把握事物，从事实的相互联系中准确地认识事物，从各种材料的相互参照和印证中深刻地说明事物。

3. 求准

所谓“求准”，就是收集的材料要准确无误。这是材料的生命与力量所在。为此，要注意3个问题：第一，材料来源必须可靠，不能道听途说；第二，材料核实必须详细清楚，不能模棱两可；第三，要注意材料的消化，只有真正消化了的材料，才能更深刻地感知它，从而有助于辨别真伪，剔除虚假。

4. 求新

所谓“求新”，就是尽量多收集一些新鲜的材料。新鲜的材料可以给人以新的启示、新的思想、新的语言；而新鲜材料的恰当运用，又可以使听众和读者耳目一新，从而增强讲话的生动性和吸引力。

新鲜材料可分为3个层次：一是别人尚未发现的；二是别人尚未使用的；三是别人使用不充分的。为了获取这样的材料，就要做到3点：第一，收集范围要广泛，尽可能踏入别人未涉及的领域；第二，收集工作要深入，努力开掘别人未曾开掘的新层次；第三，收集工作要精细，每一个细枝末节都不要轻易放过。

5. 求深

所谓“求深”，就是要尽量收集一些典型材料。只有典型材料，才最有代表性，最能反映事物的本质规律，最能给人们以深刻的启发和影响，从而最生动、最活泼，也最具有说服人和感染人的力量。至于收集材料的具体方法，可以说多种多样，最常用的有当面调查、文字调查和阅读收听。当面调查是获取真实、生动、有价值的第一手资料的最直接、最有效、最可靠的途径。

具体方法有5种：其一，直接观察。就是凭借自己的感官，获取有关的感性材料。其二，口头询问。即通过面对面地个别交谈来了解某些情况。其三，听取汇报。其四，座谈讨论。其五，参与活动。即通过参加有关的会议或其他活动，来收集了解有关情况。

文字调查的具体方法有3种：其一，问卷。就是列出一定的调查题目，印发给一定范围的干部群众，请他们回答。其二，统计。就是把调查项目制成表格，分发给调查对象，请他们按表填写有关数字。其三，查阅与调查内容相关的各类文字材料，从中获取有关情况。阅读收听就是通过阅读书刊、报纸、文件，收听广播，收看电视等途径收集材料。

起草总裁演讲稿应综合考虑的问题

总裁演讲，是担任一定职务的总裁在一定的时机和场合用以表明个人或组织的主张、见解、要求所作的演讲。因为总裁工作繁忙，演讲稿不可能全部由他们亲自撰写，大多数要由总裁文秘代劳，所以起草总裁演讲稿是总裁文秘的重要职责之一。只有对以下10个问题进行综合考虑，才能写出总裁满意、企业认可、员工喜爱的演讲稿。

1. 谁来讲

由于总裁的年龄、资历、职务、岗位、性别有别，演讲稿的内容、口气、表达方式和要求也必然要有所区别。起草者只有站在总裁的位置上，写出个性风格来，写出职务特点来，写出岗位要求来，才能让人一看就知道是谁的演讲。

比如，年龄大、资历深的总裁在单位一般具有较高的威信，给他们起草演讲稿言辞可以严肃一点，口气不妨强硬一点；年纪轻、资历浅的总裁一般都比较谦逊，给他们起草演讲稿语气要平和，最好不用强硬口气，指出问题或批评人时更应注意使用大家易接受的语言。

2. 以什么身份讲

总裁在不同的场合代表的身份不一样，演讲内容也应随其所代表身份的不同而有所变化。比如以行政职务身份在行政会议上演讲，就要事先对演讲涉及的事项做充分调查，在分析研究后再开始起草演讲稿，做到讲情况有具体事例，讲问题击中要害，讲原因有具体分析，讲对策有可行方法，提要求责任明确。

3. 对谁讲

总裁演讲的对象是在场的听众，因听众在文化程度、理解能力和身份、职务等方面存在差别，因此，对不同听众演讲，演讲稿也应有所不同。

对思想水平不高、理解力较差的听众演讲，讲稿要尽量使用常用词汇，句子结构要简单，千万不可咬文嚼字。反之，对思想水平高、知识较为渊博的听众演讲，讲稿就要特别注意文字的修饰和润色，对所讲的问题要有深刻分析和理论阐述，还可以引用名人逸事、箴言警句等。但无论哪个层次的听众都希望演讲有新鲜的内容，有新思想、新观点、新信息和新知识、新理论，给人以耳目一新的感觉。

4. 什么时候讲

即使是同一主题，由于演讲时间不同，演讲稿的撰写要求也不一样。比如，调研开始时的演讲与结束时的演讲就不一样。开始时需要讲目的、任务和指导思想，讲需要做哪些工作、有什么要求，讲得越细越好；结束时则侧重于对所做工作进行讲评，重点是对存在的问题进行梳理分析，多讲对策办法，多提指导性意见。

白天讲和晚上讲也不一样。白天的会议一般是事先安排的，总裁演讲可放开些，可以现场自由发挥；晚上的会议一般都是紧急会议，起草演讲稿一定要简洁明了，切中要害，切不可拖泥带水，在时间特别紧急的情况下，可以在征得总裁同意后只准备演讲提纲，同时把有关文件和资料素材备好。

5. 在什么场合讲

总裁是在小型会议上演讲还是在大型会议上演讲，是礼节性演讲还是工作性演讲，场合不同对演讲稿的撰写要求往往有所不同，这就需要起草者注意针对不同场合使用不同写法。

如果是礼节性演讲，其场合一般较为隆重喜庆，演讲稿内容通常是表示祝贺或祝愿，撰写时应做到语言热情、语调轻松；如果是工作性演讲，讲稿则要阐明会议的主旨，反映会议的中心议题或主要内容。

6. 为什么要讲

就是要在起草前弄清楚总裁演讲的目的。总裁演讲是表扬还是批评，是纠偏还是补救，是作指示还是总结工作，是礼仪性的应酬还是有实质性的意见，起草者一定要心中有数，这样起草演讲稿才能不偏离中心思想。

比如，写表扬性或批评性的演讲稿，起草者要在撰写前弄清表扬或批评对象的基本情况，表扬或批评要达到什么效果，应该学习借鉴的经验和教训是什么等；写纠偏或补救性的演讲稿，起草者先要弄清需要纠偏或补救的背景，对问题进行剖析，创造性地提出可操作性强的意见建议；写指示性或总结工作的演讲稿，起草者要先弄清相关的上级文件，相关单位有什么经验教训，掌握了这些写出的演讲稿才能达到“求之能给，问之能答”的效果。

7. 总裁自己想讲什么

总裁意图是演讲稿的重心，稿子的中心内容、基本观点、主要事例等等，都要以贯彻总裁意图为核心。对总裁意图把握得越全面、准确、深刻，讲稿就越容易过关；否则，就可能要反复修改甚至推倒重来。

通常总裁对自己的意图会有所交代，常见的有 3 种形式：一是先由起草者写出提纲或提出自己的构思，经总裁认可就可以起草；二是总裁交代一个大概的想法，其他的由起草者自己发挥；三是总裁既交代总的思路，又同起草者一起商量详细提纲，然后由起草者起草。无论总裁采用何种形式交代意图，都需要起草者认真领悟、反复消化。

8. 董事会希望总裁讲什么

弄清总裁想讲什么后，还需进一步了解企业董事会想让总裁讲什么，这样起草的演讲稿才有针对性。

如果总裁想说什么起草者就写什么，只起到“传声筒”和“打字员”的作用，没有半点自己的思想观点和创新发挥，这样的演讲稿也许总裁会满意，却不会被企业董事会成员认可。

9. 员工想听什么

演讲稿的质量如何，听众是最好的评委。起草总裁演讲稿之前，要深入到员工中去做必要的调查了解，看大家希望从总裁演讲中了解什么信息和政策精神。只有摸准了员工的需求才能写出好的演讲稿，让总裁把话讲到员工的心坎上。

当然讲员工之所想，只能把员工的口味和要求融合到总裁意见之中，不能与总裁意图发生抵触。事实上，多数员工喜爱这样的总裁演讲：一是幽默风趣；二是善于鼓动；三是通俗易懂。

10. 演讲后的讲稿如何处理

这是起草总裁演讲材料的“善后”工作。对演讲稿是否另有他用，起草者事先也必须心中有数。如果要以文件形式印发或在报刊上发表，起草者在撰写时就不能不考虑印发或刊发的要求。同时，在总裁演讲结束后要按印发或刊发要求对讲稿做进一步修改，经总裁审定后再印发或刊发。

撰写总裁演讲稿应考虑到现场感觉

总裁演讲活动是总裁与听众面对面的一种交流和沟通。听众会对总裁的演讲内容及时做出反应：或表示赞同，或表示反对，或饶有兴趣，或无动于衷。总裁对听众的各种反应不能置之不顾，因此，总裁本人或代笔人撰写演讲稿时应该充分考虑到演讲者即总裁的现场感觉。

所谓现场感觉，就是要求在构思和下笔时思想上提前进入到现场，在内容选择、语言选用和谋篇布局上都要有临场感，都要对未来的现场气氛和效果有所预感、有所把握。就是说，要写好演讲稿，就要突破一般文章写作的思维定式，从寻找现场感觉入手，以此作为运思行文的分寸。

1. 适合现场表达演讲

语言是经过精心锤炼和构筑的口语，是生活化的语言，它的语汇、句式和语气都有浓厚的口语色彩，通俗晓畅，自然流动，没有雕琢的痕迹，没有公文的程式化，没有诗歌式的跳跃和剪辑。因此，它很适合自如的口头表达。演讲语言又为演讲人运用语气、停顿、语调等语音手段和感情、手势等体态语言提供了充分的表现余地。总之，演讲语言既要能讲又要能演，便于现场表达。

在起草演讲稿时，要摆脱其他文体的负面影响，在语言体裁的抒情上以适合现场表达为尺度。有的演讲语言文字让人觉得演讲人的声口、神情、态度呼之欲出，这样的文字无疑是适合亦讲亦演的现场表达的。

2. 适合于现场调控

写作演讲稿的运思阶段就要顾及针对听众的现场调控。要适当地预设或埋伏一连串能够触发听众的想象、情感、意志、经验等的兴奋点，以便张弛有度、擒纵自如地驾驭现场，调控听众，促使听众参与，更好地进行现场交流。

在成文过程中，要围绕演讲目的和内容，在开头、过渡、展开、收束等各个环节上有意识地运用调控技巧。比如，在行文上，设置悬念以引人入胜，运用蓄势的手法导向情绪的爆发点，形成一个个激荡人心的涡旋。还可以点缀闲话，以调节心理、活跃气氛，化隔膜为亲密，化挑剔为欣赏，及时喷洒防止精神疲劳的清醒剂。其实调控手段远不止这些。此外，写作演讲稿时，对风云变幻的现场要有所准备，必要时还要对可能出现的情况有所设想。

3. 适合于现场听众

听众的性别、年龄、种族等自然特点和情感、意志、趣味等心理特点以及文化、教养、境遇等社会特点，都要纳入演讲稿的构思之中，切忌目中无人。撰稿时的感觉，应是面对听众，说出他们乐于倾听的话。即便是一个说法一个称呼语也是值得再三斟酌的。著名演讲家曲啸在向劳教人员演讲之前就苦思冥想了这样的提法：触犯了刑律的朋友们……结果使这些特殊的听众万分感动。

4. 适合于现场环境

演讲是发生在某个特定时空的行为，将要在哪里演讲，以及此时此地的情景，也是在准备演讲稿时应当考虑的，是北疆还是南国，是故地还是异乡，是城市的广场还是乡村的田头，是轻松的场合，还是庄重的典礼，是相聚于一室还是于行旅之中，这些环境因素完全可以作为演讲的构成要素，有时甚至可以作为构思的重要基础，构成演讲的框架，以调动思想、感情和生活的积累，形成独特的情绪基调和语言特色。自然而巧妙地引入环境因素，更能切合演讲的场合，形成心心相通的同感和相互感染的情绪氛围。

演讲稿的词句要反复推敲锤炼

演讲稿具有宣传、鼓动、教育和欣赏等作用，它可以把演讲者的观点、主张与思想感情传达给听众以及读者，使他们信服并产生共鸣。因此，要提高演讲的质量，不能不在语言的运用上下一番工夫。

1. 要运用口语化的语言

“上口”“入耳”这是对演讲语言的基本要求，也就是说演讲的语言要口语化。演讲，说出来的是一连串声音，听众听到的也是一连串声音。听众能否听懂，要看演讲者能否说得好，更要看演讲稿是否写得好。如果演讲稿不“上口”，那么内容再好，也不能使听众“入耳”，完全听懂。

演讲稿的“口语”，不是日常的口头语言的复制，而是经过加工提炼的口头语言，要逻辑严密，语句通顺。由于演讲稿的语言是作者写出来的，受书面语言的束缚较大，因此，就要冲破这种束缚，使演讲稿的语言口语化。

为了做到这一点，写作演讲稿时，应把长句改成短句，把倒装句变成正装句，把单音词换成双音词，把听不明白的文言词语、成语改换或删去。演讲稿写完后，要念一念，听一听，看看是不是“上口”“入耳”，如果不那么“上口”“入耳”，就需要进一步修改。

2. 要运用通俗易懂的语言

演讲要让听众听懂。如果使用的语言讲出来谁也听不懂，那么这篇演讲稿就失去了听众，因而也就失去了演讲的作用、意义和价值。为此，演讲稿的语言要力求做到通俗易懂。演讲时要尽量避免文言词语、专业名词和不常用的成语等听众不太熟悉的语言。

3. 语言要追求生动感人

好的演讲稿，语言一定要生动。如果只是思想内容好，而语言干巴巴，那就算不上是一篇好的演讲稿。精彩的演讲，都是既有丰富深刻的思想内容，又有生动感人的语言。老舍曾说：“我们最好的思想，最深厚的感情，只能被最美妙的语言表达出来。若是表达不出，谁能知道那思想与感情怎样好呢？”由此可见，要写好演讲稿，只有语言明白、通俗还不够，还要力求语言生动感人。

怎样使语言生动感人呢？一是用形象化的语言，运用比喻、比拟、夸张等手法增强语言的形象色彩，把抽象化为具体，深奥讲得浅显，枯燥变成有趣。二是运用幽默、风趣的语言，增强演讲稿的表现力。这样，既能深化主题，又能使演讲的气氛轻松和谐；既可调整演讲的节奏，又可使听众消除疲劳。三是发挥语言音乐性的特点，注意声调的和谐和节奏的变化。

4. 要运用准确朴素的语言

准确，是指演讲稿使用的语言能够确切地表现讲述的对象——事物和道理，揭示它们的本质及其相互关系。作者要做到这一点，首先，要对表达的对象熟悉了解，认识必须对头；其次，要做到概念明确，判断恰当，用词贴切，句子组织结构合理。朴素，是指用普普通通的语言，明晰、通畅地表达演讲的思想内容，而不刻意在形式上追求辞藻的华丽。如果过分地追求文辞华美，就会弄巧成拙，失去朴素美的感染力。

5. 要控制篇幅

演讲稿不宜过长，要适当控制时间。德国著名的演讲学家海茵兹·雷德曼在《演讲内容的要素》一文中指出：“在一次演讲中不要期望得到太多。宁可只有一个给人印象深刻的思想，也不要五十个证人前听后忘的思想；宁可牢牢地敲进一根钉子，也不要松松地按上几十个一拨即出的图钉。”所以，演讲稿不在乎长，而在乎精。认真修改，精益求精，从事任何文体的写作都要重视修改，认真修改，精心修改，写作演讲稿自然不能例外。

修改演讲稿时一定要精益求精

演讲稿初稿往往要进行修改。修改是写演讲稿的最后环节，也是提高演讲质量的重要途径。演讲稿的修改过程，一方面是对所讲内容进一步加深认识的过程，另一方面也是对讲稿的表现形式进一步选择的过程。从修改的范围看，演讲稿的修改主要包括内容和形式两个方面。具体来讲，即校正观点、增删材料、调整结构、变换手法、修饰语言等。

1. 校正观点

首先通读全文，看演讲意图是否表达清楚。每篇讲稿，必然有一个统领全篇的基本观点，有时还可能有几个与之相呼应的小观点。这些观点都应该正确、鲜明、新颖，且具有普遍的指导意义。检查和修改，首要的方面就是校正、提炼和深化演讲的主旨。如果发现主题涣散，观点模糊，立意不高，则必须坚决改正，不可抱残守缺。否则，必然导致演讲的失败。

2. 增删材料

材料是形成演讲稿的基础，观点统领材料，材料说明观点。材料要求充分、典型、新鲜。修改材料主要采取增、删、换的方法。如果某些事实材料和事理材料不充分，演讲内容就会显得单薄，因此，必须增添和补充一些材料，使内容显得完整、充实、丰满。如果材料过多，形成堆砌，就会使演讲内容显得臃肿、拖沓，甚至冲淡或淹没主题，对此必须削枝强干，删除多余的材料。如果某些材料未经验证，或者比较空泛，不够典型，或是显得陈旧，不够新颖，就要采取断然措施，加以调换，重新精选。增、删、换的最高准则，就是要实现材料和观点的高度统一。

3. 调整结构

结构是演讲稿的骨架，是根据演讲主旨要求，将材料构成有机整体的组织形式。内容决定形式，形式为内容服务。层次安排、段落划分、过渡衔接等，均要求能更好地为表现主题、突出主题服务。如果发现结构松散，残缺不全，或者轻重倒置，前后脱节等现象，必须进行修改、调整，做到结构严谨，合乎逻辑，详略得当，过渡自然。

4. 变换手法

演讲虽然以说理论证表情达意为主，但其手法也是多种多样的。根据演讲的对象、时间长短、环境状况等情况，应采取不同的策略，力求新颖生动、丰富多变，克服程式化的单一表现手法。

5. 修饰语言

演讲的语言要求准确、鲜明、生动。在语言的推敲润色上，必须舍得下功夫。千锤百炼，方能日臻完美。特别是要上口入耳，既有利于讲，也有利于听。要从全文需要出发，把它放在整篇文章的具体语言环境中去衡量，尽量改掉那些含混不清、生僻拗口、紊乱花哨、晦涩简古、平板乏味的语句。同时，要注意标点符号的正确使用，力争准确无误地表达思想感情。

总之，修改演讲稿的方式和修改文章一样，要考虑主题、材料、结构、语言等各方面的因素，注意在深化主题、订正观点、增删材料、调整结构、推敲语言等诸方面多下工夫。既要有对总体内容构成方面的考察，也要有对遣词造句等细微之处的推敲。总之，要做到精益求精。

参考文献

[1] 戴尔·卡耐基. 卡耐基：魅力口才与演讲的艺术 [M]. 王红星，译. 北京：中国华侨出版社，2011.

[2] SUSAN M. WEINSCHENK. 抓住听众心理：演讲者要知道的100件事 [M]. 杨妩霞，杨煜泳，译. 北京：人民邮电出版社，2010.

[3] 李真顺. 脱稿演讲与即兴发言：领导干部多场合脱口而出随身手册 [M]. 北京：北京大学出版社，2013.

[4] 肖祥银. 说话的艺术：最有中国味的魅力口才 [M]. 北京：中国华侨出版社，2013.

[5] 彼得·迈尔斯，尚恩·尼克斯. 高效演讲：斯坦福最受欢迎的沟通课 [M]. 马林海，译. 长春：吉林出版集团有限责任公司，2013.

[6] 孙启，石开. 演讲艺术与技巧 [M]. 北京：经济管理出版社，2014.

[7] 罗成. 总裁魅力演讲 [M]. 广州：广东经济出版社有限公司，2013.

[8] 财一兵. 最轰动的名人演讲 [M]. 长春：吉林出版集团有限责任公司，2015.

[9] 黄雨三. 企业管理者场景讲话艺术与经典范例实用大全 [M]. 北京：团结出版社，2014.

[10] 马尔科姆·库什纳. 公众演讲 [M]. 北京：机械工业出版社，2004.